江西财经大学财税与公共管理学
尚公文库

王梦颖 ◎ 著

我国政府卫生支出对全民健康覆盖的影响研究

中国财经出版传媒集团

经济科学出版社

Economic Science Press

图书在版编目（CIP）数据

我国政府卫生支出对全民健康覆盖的影响研究/王
梦颖著. —北京：经济科学出版社，2022.11
ISBN 978 - 7 - 5218 - 2255 - 7

Ⅰ.①我… Ⅱ.①王… Ⅲ.①医疗保健事业-财政支
出-影响-医疗卫生服务-研究-中国 Ⅳ.①R199.2

中国版本图书馆 CIP 数据核字（2022）第 212102 号

责任编辑：顾瑞兰
责任校对：王苗苗
责任印制：邱　天

我国政府卫生支出对全民健康覆盖的影响研究
WOGUO ZHENGFU WEISHENG ZHICHU
DUI QUANMIN JIANKANG FUGAI DE YINGXIANG YANJIU
王梦颖　著
经济科学出版社出版、发行　新华书店经销
社址：北京市海淀区阜成路甲 28 号　邮编：100142
总编部电话：010-88191217　发行部电话：010-88191522
网址：www. esp. com. cn
电子邮箱：esp@ esp. com. cn
天猫网店：经济科学出版社旗舰店
网址：http：//jjkxcbs. tmall. com
北京时捷印刷有限公司印装
710×1000　16 开　12.75 印张　200000 字
2022 年 11 月第 1 版　2022 年 11 月第 1 次印刷
ISBN 978 - 7 - 5218 - 2255 - 7　定价：65.00 元

总　序

习近平总书记在哲学社会科学工作座谈会上指出，一个国家的发展水平，既取决于自然科学发展水平，也取决于哲学社会科学发展水平。坚持和发展中国特色社会主义，需要不断在理论和实践上进行探索，用发展着的理论指导发展着的实践。在这个过程中，哲学社会科学具有不可替代的重要地位，哲学社会科学工作者具有不可替代的重要作用。

习近平新时代中国特色社会主义思想，为我国哲学社会科学的发展提供了理论指南。党的十九大宣告："经过长期努力，中国特色社会主义进入了新时代，这是我国发展新的历史方位。"中国特色社会主义进入新时代，意味着近代以来久经磨难的中华民族迎来了从站起来、富起来到强起来的伟大飞跃。新时代是中国特色社会主义承前启后、继往开来的时代，是全面建成小康社会、进而全面建设社会主义现代化强国的时代，是中国人民过上更加美好生活、实现共同富裕的时代。

江西财经大学历来重视哲学社会科学研究，尤其是在经济学和管理学领域投入了大量的研究力量，取得了丰硕的研究成果。财税与公共管理学院是江西财经大学办学历史较为悠久的学院，学院最早可追溯至江西省立商业学校（1923年）财政信贷科，历经近百年的积淀和传承，现已形成应用经济和公共管理比翼齐飞的学科发展格局。教师是办学之基、学院之本。近年来，该学院科研成果丰硕，学科优势凸显，已培育出一支创新能力强、学术水平高的教学科研队伍。正因为有了一支敬业勤业精业、求真求实求新的教师队伍，在教育与学术研究领域勤于耕耘、勇于探索，形成了一批高质量、经受得住历史检验的成果，学院的事业发展才有了强大的根基。

为增进学术交流，财税与公共管理学院推出面向应用经济学科的"财税文库"和面向公共管理学科的"尚公文库"，遴选了一批高质量成果收录进两大文库。本次出版的财政学、公共管理两类专著中，既有资深教授的成果，也有年轻骨干教师的新作；既有视野开阔的理论研究，也有对策精准的应用研究。这反映了学院强劲的创新能力，体现着教研队伍老中青的衔接与共进。

繁荣发展哲学社会科学，要激发哲学社会科学工作者的热情与智慧，推进学科体系、学术观点、科研方法创新。我相信，本次"财税文库"和"尚公文库"的出版，必将进一步推动财税与公共管理相关领域的学术交流和深入探讨，为我国应用经济、公共管理学科的发展做出积极贡献。展望未来，期待财税与公共管理学院教师，以更加昂扬的斗志，在实现中华民族伟大复兴的历史征程中，在实现"百年名校"江财梦的孜孜追求中，有更大的作为，为学校事业振兴做出新的更大贡献。

江西财经大学党委书记

2019 年 9 月

前　言

　　为全面落实"健康中国"战略，2016 年党的十八届五中全会明确指出全民健康是建设健康中国的根本目的。大力发展健康产业，建立起体系完整、结构优化的健康产业体系，是建设健康中国的重要目标。健康中国建设不仅是一项旨在惠及民众健康福祉的民生工程，也是一项重大的健康产业战略工程。

　　自 20 世纪以来，对全民健康覆盖的追求在许多国家和全球卫生界成为发展目标之一。2020 年新冠肺炎疫情席卷全球，受此次疫情的影响，我们意识到加大卫生资源的投入是加强卫生系统和社会保护的有力手段，同时对政府卫生资金投入提出了新的挑战和要求。一方面，由于城镇化、人口老龄化、工业化加速，加上疾病谱、生活方式、生态环境不断变化，我国仍然面临区域差距明显以及多种不健康影响因素交织的复杂局面。另一方面，随着人们生活水平的提高，居民对医疗卫生服务的重视程度逐步加强，对高质量医疗卫生服务需求逐渐增多。因此，准确把握全民健康覆盖的空间分布现状，客观分析探究政府卫生支出对全民健康覆盖的空间效应，以及基于健康产业结构升级的中介效应，对不断优化卫生资源配置、促进健康产业结构优化与进一步推进全民健康覆盖进程具有重要意义。

　　本书在参阅国内外研究文献的基础上，对政府卫生支出定义与目标、发展历史进程、统计口径与结构、健康产业定义、产业结构升级内涵以及全民健康覆盖的定义、目标等内容进行了界定，以政府卫生支出、产业结构、全民健康覆盖所需理论为研究核心，构建政府卫生支出对健康产业结构升级影响函数，将政府卫生支出对全民健康覆盖影响的机理与路径进行了详细分析。

　　本书共 7 章，可分为三大部分。第一部分包含第 1 章、第 2 章与第 3 章，

第 1 章在介绍本书的选题背景及研究意义的基础上，重点提出政府卫生支出对全民健康覆盖影响的研究内容、研究方法以及技术路线等；此外，分别从政府卫生支出、健康产业、产业结构升级与全民健康覆盖角度对国内外研究现状进行文献归纳与述评，并提出本书的创新与不足。第 2 章全面总结了政府卫生支出、健康产业、产业结构和全民健康覆盖相关概念，确定了本书的研究范围，同时梳理了公共财政理论、资源分配理论、产业结构理论、公共服务理论与区域协调发展理论。第 3 章从理论上探讨了政府卫生支出、健康产业结构升级与全民健康覆盖之间的影响机理与路径，构建了社会福利函数以及政府卫生支出对健康产业结构升级函数，探讨了政府卫生支出对全民健康覆盖的直接与间接影响机制。

第二部分包含第 4 章、第 5 章与第 6 章，重点分析了政府卫生支出对全民健康覆盖的直接影响与间接影响。第 4 章建立了一套包含健康预防、健康治疗、健康服务和健康金融四个维度共 13 项指标的全民健康覆盖指标体系，对我国全民健康覆盖进行测度、区域比较和时间演变，并运用贝叶斯线性回归模型对我国全民健康覆盖水平进行趋势预测。第 5 章从政府卫生支出的统计口径、绝对规模、相对规模、功能性结构与区域性结构等角度进行统计描述，并结合国际比较对我国政府卫生支出现状进行综合评价。同时，基于区域差异、经济发展水平以及政府卫生支出规模视角，运用空间马尔科夫链来讨论我国全民健康覆盖的空间差异。运用莫兰指数和 Geary's 指数对 2004～2018 年我国除港澳台地区外 31 个省份全民健康覆盖指数全局与局部空间自相关性进行检验。进一步运用空间静态杜宾模型、空间动态杜宾模型探讨政府卫生支出对全民健康覆盖的空间溢出效应，并对模型进行分解讨论政府卫生支出对全民健康覆盖的短期与长期空间效应。第 6 章对我国健康产业规模以及健康产业结构升级情况进行描述和比较分析。采用半参数可加模型讨论政府卫生支出对健康产业结构升级的影响，并引入健康产业升级的中介机制，分析政府卫生支出对全民健康覆盖的间接影响效应。

第三部分为本书的第 7 章，为总结与政策建议。本章对前面几章的研究结论进行总结，并在此基础上，针对全民健康覆盖的财政保障、人力资源保障以及政策保障提出相关建议。

　　通过研究，本书得出以下结论。

　　第一，政府卫生支出规模有待提高、结构性有待增强。首先，通过对政府卫生支出规模进行比较分析，发现政府卫生支出绝对规模有很大程度的提升。但通过国际比较可以看出，我国人均政府卫生支出、政府卫生支出占卫生总费用比例以及政府卫生支出占 GDP 比例远低于高收入国家。通过比较政府卫生支出结构可知，我国医疗卫生服务支出与医疗保障支出两者总占比达到了80% 以上，其中医疗保障支出占比不断增加，但医疗卫生服务支出占比逐渐下降。其次，我国政府卫生支出区域性结构存在差距，人均政府卫生支出差距由最高的西部地区与最低的东北地区构成。

　　第二，健康产业结构优化升级到了加速创新转型时点。我国健康产业自2004 年以来，一直保持快速增长的势头，其中健康第三产业增长速度最快，健康第一产业增长较为平缓，健康第二产业在 2018 年产值大幅下降。观察我国健康产业升级现状可以看出，我国健康产业结构升级指数保持在 0.65 左右的水平，而通过分析我国健康产业结构升级对全民健康覆盖的影响发现，健康产业结构升级对全民健康覆盖的非线性影响呈现"U"型曲线。当健康产业升级处于较低水平时，随着健康产业升级指数增长，其对全民健康覆盖产生正向影响，但影响程度逐渐减弱。当健康产业升级指数达到 0.65 左右时，其对全民健康覆盖的影响程度最低。随着健康产业升级指数持续增加，其促进全民健康覆盖的影响逐渐增强。分析健康产业结构升级原因，发现政府卫生支出对健康产业结构升级产生"先急后缓再急再缓"的正向影响。

　　第三，全民健康覆盖空间差异明显。观察我国全民健康覆盖时空演变可以发现，从时空演变来看，我国全民健康覆盖中等及以上水平保持水平不变的概率更大。我国全民健康覆盖水平上升的概率随着自身所处的水平改变，整体有向中高水平逼近的趋势，所有类型的区域分组只存在一个等级向邻近等级迁移的情况。我国全民健康覆盖指数具有空间集聚性，同时随着时间的变化，我国全民健康覆盖指数空间集聚程度逐渐下降。我国西部地区全民健康覆盖处于低低聚集区，高高集聚地区主要集中在东部，中部大部分地区处在低高集聚区。

　　第四，合理规划政府卫生支出是走向全民健康覆盖的关键。我国政府卫生支出对全民健康覆盖短期无影响；长期影响中，总的来说人均政府卫生支出的增加会促进全民健康覆盖的提高，本地区人均政府卫生支出的增加会带动邻近地区全民健康覆盖的扩大，而对本地区的全民健康覆盖无显著影响。政府卫生支出对全民健康覆盖的非线性直接效应实证结果表明，政府卫生支出对全民健康覆盖的非线性影响为"先急后缓"增长型。政府卫生支出对全民健康覆盖具有中介效应，其直接效应＞总效应＞中介效应，说明健康产业结构升级会削弱政府卫生支出对全民健康覆盖的影响程度。

为推进我国全民健康覆盖，本书提出以下政策建议：一是财政保障。提高政府卫生支出，同时提高财政支出的再分配能力，将政府在医疗卫生服务方面的支出重新分配给初级卫生服务，加大职工医疗保险覆盖比例，提高职工医疗保险覆盖人口。二是人力资源保障。增加具有公共卫生能力的工作人员就业，转向以团队为基础的协作初级保健，提高卫生人力资源利用效率，提供以社区为基础的医疗卫生保健服务，统筹规划卫生人力资源分配，缩小卫生人力资源分配和部署的不公平性，保障女性工作者的权益，形成卫生人力资源网状化。三是政策保障。提供规范指导并促进技术合作，建立投资卫生人力资源的规范标准，在社区中增强复原力和自力更生能力，制定全国卫生倡议，建立治理机制，确保所有的政府绩效评估包括对卫生服务成果的评估。

目 录

第1章

绪　论

1.1　选题背景及研究意义

　　党的十八大以来，以习近平总书记为核心的党中央做出了重要战略部署，把保障人民健康作为优先发展的战略目标，把实施"健康中国"战略作为重点发展举措。在此之后，党中央做出了一系列关于"健康中国"的改革举措，时至今日，我国关于卫生健康事业的发展取得了新成就。2020 年新冠肺炎疫情暴发，在此次抗击疫情中，中国经受住了重大考验，"健康中国"建设成效颇为显著。健康是对人力资本的一项长期投资，需要通过促进保护和赋予所有人权力来充分发挥人的潜力。近几十年来，世界在健康方面取得了重大进展，预期寿命延长，孕产妇和儿童死亡率降低，防治主要疾病的举措取得成功。这一成就是各个国家（地区）和国际社会努力提高保健质量并使所有人都能获得健康保健的结果。随着经济发展水平的不断提高，全民健康覆盖的目标已变得更容易实现，从而使更多人能获得卫生服务，如疫苗和抗生素，并使贫困程度出现有史以来最显著的下降。确保人人都能获得保健服务，除了有助于增进健康之外，还能促进社会稳定。全民健康覆盖意味着所有社区和居民都可以利用他们所需要的促进、预防、治疗、康复、缓和医疗服务，而不必担心经济困难。全民健康覆盖是一项社会契约，是健康人与病人以及富人与穷人之间社会凝聚力和团结的支柱。通过提供财政保护，全民健康覆盖处于社会安全网的核心，有助于社会团结和稳定，有助于经济增长和就业。

"健康中国"建设不仅是一项旨在惠及民众健康福祉的民生工程，也是一项重大的健康产业战略工程。"健康中国"建设方案基本形成了结构合理、内涵丰富的健康产业体系，确定了人人享有基本医疗卫生服务的发展目标。为了实现这一发展目标，除了要保障卫生投入规模的增长外，还要推动健康产业结构的不断优化和调整。"健康中国"建设只有尽快确定政府卫生支出投入效应，才能尽快实现改善民生健康福祉和促进人力资本发展的战略目标。因此，研究我国政府卫生支出的效应以及政府卫生支出与健康产业结构优化、政府卫生支出与全民健康覆盖、健康产业结构优化与全民健康覆盖之间的关系尤为重要，这些研究为我国提高国民健康水平和制定医疗卫生相关政策提供参考依据。

1.1.1 选题背景

1.1.1.1 全民健康覆盖是世界发展的共同目标

全民健康覆盖的目标有着坚实的基础，其潜在愿望有着悠久的历史。《世界卫生组织组织法》认为，健康权是每个人的基本权利之一，不分种族、宗教、政治信仰、经济或社会状况。自20世纪以来，对全民健康覆盖的追求在许多国家（地区）和全球卫生界成为发展目标之一。2005年，世界卫生组织成员国认可全民健康覆盖为一项中心目标，并指出必须进一步发展卫生系统，以确保获得必要服务，同时提供防范财务风险的保护。

《2010年世界卫生报告》随后为各国（地区）如何改革其卫生筹资系统以推行全民健康覆盖提供了实际指导。自那时以来，70多个国家（地区）已要求世界卫生组织为此类改革提供政策支持和技术咨询。2011年，世界卫生大会作出回应，呼吁世界卫生组织制定提供这类支持和建议的行动计划。该行动计划之一是采取公平行动，这是一个贯穿卫生系统大多数其他组成部分的关键问题。具体来说，成立了世界卫生组织公平和全民健康覆盖问题协商小组，以便就各国（地区）如何最好地解决在实现全民健康覆盖的道路上出现的公平问题制定指导意见。2012年底，联合国大会通过了一项决议，强调各国（地区）政府有责任紧急和大幅加速努力，加速向普遍获得负担得起的优质保健服务过渡。后来，世界卫生组织发表了《2013年世界卫生报告》和《全民健康覆盖研究》，再次强调有必要在全民健康覆盖方面取得进展，并描述了实现这一目标的几种方法。为进一步强调世界卫生组织的承诺，在 2014～2019 年第 12 个工作总规划中，将推进全民健康覆盖确定为世界卫生组织的优先发展目标之一。

1.1.1.2　经济社会发展对政府卫生投入形成新的挑战

2020 年新冠肺炎疫情席卷全球，经过此次疫情的影响，我们意识到损害人民健康会导致严重的经济冲击和社会影响。加大卫生资源的投入是加强卫生系统和社会保护这一更广泛目标的一部分，政府加大在卫生部门的投入能够有效增强健康服务的覆盖面。公共卫生基金的投入，保障国家基本医疗卫生服务、医疗保险、医疗健康和人口计生服务的正常发展，为国家的基本医疗保障服务、医疗保险行政管理事务、医疗健康卫生服务及人口计生服务等事务的顺利展开做出贡献。随着中国机械化、产业化、城市化的发展，以生态为代价的粗放式发展模式导致大气污染、水污染、噪声污染及光污染等高致病因素加剧恶化，不健康的生活方式和垃圾食品等各种不利于健康的因素，使得越来越多的生命健康问题显现。再加上，我国老年人口多、人口基数大，导致包括慢性病在内的各种病患的增长速度远远超过国家医疗卫生服务的供给增量速度。

1.1.1.3　稳步推进全民健康覆盖需要更好地发展健康产业

至 2020 年，我国城乡居民基本医疗卫生制度覆盖基本建设完成。更加规范的药品供应保障体系、更加健全的公共卫生服务和医疗卫生服务体系、更加科学的医疗卫生机构运行机制、更加完善的医疗保障体系和管理体制，形成了我国多元医疗卫生服务格局。我国一直倡导的提供基本的、适应人民群众的、多层次的以及人人享有的医疗卫生需求，在全民健康覆盖方面取得显著进展。为实现人民健康水平进一步提高，全民健康覆盖是公共卫生系统中必须提供的最有力的支撑。

为全面落实"健康中国"战略，2016 年党的十八届五中全会明确指出，全民健康是建设"健康中国"的根本目的，要大力发展健康产业，建立起体系完整、结构优化的健康产业体系。作为监测和应对危机的机制补充，卫生从业人员是防范卫生危机的第一道防线，卫生从业人员是卫生系统的基石。通过大力发展健康产业，创造新的更多的就业机会，既可以应对全国对卫生人员的日益增长的需求，又可以解决可预测的卫生人员短缺问题，这是实现全民健康覆盖的有效途径。

1.1.1.4 稳步推进全民健康覆盖需要更优化的健康产业结构支撑

随着人们生活水平的提高，居民对医疗卫生服务的重视程度逐步加强，对高质量的医疗卫生服务需求逐渐增多。目前，我国健康工业面临经营压力大、药品整体价格水平下降的困境，随着信息化的发展，我国健康产业到了加速创新转型的时点。传统的健康产业一直以低技术附加值的低水平仿制为主，随着医保红利的消失，医药研发能力无法满足市场对高品质医药的需求，2020 年经历了新冠肺炎疫情之后，在线问诊等依靠高技术、高信息化的医疗服务逐渐替代传统的健康产业。特别是随着云计算、大数据、移动医疗等为代表的信息技术发展，健康产业结构将迎来新的机遇和变化。飞速发展的科技进步促进了健康产业结构转型升级速度，更加优化的健康产业结构成为全民需求，全民健康覆盖也将依托于更加优化的健康产业结构。

1.1.2 理论意义

1.1.2.1 为优化我国政府卫生支出效应提供新理论模型

当前，随着卫生经济学的兴起，国外学者对政府卫生支出的效应研究越发增多，研究方法及模型不断创新，研究成果不断涌现。深入研究政府卫生支出效应的最新进展、掌握最佳研究方法、归纳总结其最新研究成果，对我国政府卫生支出的研究将具有较大的参考价值。同时，国内学者基于我国实际情况，在国外研究的基础上，开展了大量的关于政府卫生支出效应的理论与实证研究，并将国内研究成果与国际研究成果进行比较，这将极大地推进我国政府卫生支出研究领域的进展。本书拟在国内外研究成果的基础上，从我国实际情况出发，科学优化我国政府卫生支出在促进全民健康覆盖发展、优化健康产业结构的效应理论模型，探索其作用机理，以期进一步完善政府卫生支出对全民健康覆盖的影响研究。

1.1.2.2 为科学监测我国全民健康覆盖水平提供新视角

不可否认，许多国家（地区）已经接受了全民健康覆盖的概念。自 2010

年以来，世界卫生组织和世界银行向 100 多个国家（地区）提供了全民健康覆盖方面的技术援助。值得注意的是，金砖国家（巴西、俄罗斯、印度、中国和南非，五国总人口占世界人口的 40% 以上）都在从事卫生系统改革，旨在扩展、深化或以其他方式改善其人口的保健服务覆盖范围，同时设法加强对利用保健服务的人的财政保护。对许多高收入国家来说，几十年来，对全民健康覆盖核心理念的承诺支撑着其卫生系统的设计和开发，这一核心理念是人人都可以获得所需的高质量基本卫生服务，在支付费用时不会遭遇经济困难。但是，实现全民健康覆盖的道路绝不是平坦的，在全民健康覆盖推进层面上，其监测的重要性几乎无需赘述，而有效监测和对监测所允许的可量化细节的坚实把握，对国家全民健康覆盖议程的进展至关重要。支持全民健康覆盖改革所面临的挑战之一是，一些学者认为全民健康覆盖是一个过于分散的概念，缺乏对全民健康覆盖的跟踪观察会导致国家卫生资源的离散分布。对于我国各地区全民健康覆盖的检测与跟踪，目前还没有统一的标准，大多数学者仅从医疗卫生保险的角度探讨我国全民健康覆盖面。本书通过对我国全民健康覆盖水平进行量化测度，跟踪其主要目标的进展，从我国实际国情出发，以较为全面的视角构建我国全民健康覆盖指数模型，并利用指数模型结果对我国全民健康覆盖水平进行评价。

1.1.2.3 为创新政府卫生支出效应的研究提供新思路

对政府卫生支出效应的研究，国内外学者进行了广泛的探索，在进行实证分析时，大多数学者使用时间序列等简单回归模型进行研究。这些研究方法存在各地区之间的影响独立、模型结构单一等问题，并且我国政府卫生支出对邻近区域的影响也尤其重要。为此，本书采用空间计量经济学方法，该方法充分考虑了政府卫生支出的空间外溢性，在研究政府卫生支出对全民健康覆盖的空间效应时，本书还考虑了短期以及长期的空间影响，以期得出更为科学的研究结果。在研究政府卫生支出对全民健康覆盖的中介效应时，打破了传统的线性结构方程模型下的研究思路，考虑到政府卫生支出对全民健康覆盖的影响是动态非线性的，本书构建的半参数中介效应模型为政府卫生支出研究在方法上提供了新思路。

1.1.3 现实意义

1.1.3.1 为"健康中国"建设政策制定提供新导向

2016 年党的十八届五中全会确立了"以促进健康为中心"的大健康观，提出《"健康中国 2030"规划纲要》（以下简称《纲要》）。《纲要》明确指出，全民健康是建设"健康中国"的根本目的，要大力发展健康产业，建立起体系完整结构优化的健康产业体系。随着政策实施的逐步深化，我国医疗卫生服务中存在的"看病难、看病贵""因病致贫"等问题得到一定程度的缓解。由于城镇化、工业化、人口老年化加速，加上生活方式、生态环境不断变化，我国仍然面临多重疾病威胁并存、多种健康影响因素交织的复杂局面。正是这一背景下，《纲要》明确提出我国对健康产业的建设必须满足结构优化、体系完整的要求。作为一种与公民健康息息相关的产业，健康产业的发展有利于提升公民的健康素质，有利于满足公民对健康的需求。健康产业作为一个新兴产业，其发展有利于推动经济发展，完成"双循环"。我国不仅需要加快推进"健康中国"建设，而且还需要推动健康产业结构转变、创新驱动发展。基于此，全面了解政府卫生支出的增加是否有利于提高全民健康覆盖水平以及健康产业结构优化在其中的中介效应，对建设"健康中国"具有一定的参考价值。

1.1.3.2 为后疫情时代卫生服务系统完善提供新依据

从缺乏高质量的卫生服务、低收入和中等收入国家大部分人口的财政保护覆盖面不足，到维持和扩大高收入国家已经取得的成果所面临的挑战，人们对卫生系统不足的认识不断增强。最近在全球爆发的新冠肺炎疫情就是一个很好的例子，疫情的严重程度在很大程度上是由于卫生系统薄弱，包括缺乏监测和应对能力。新冠肺炎疫情暴发的结果，造成基本卫生服务如疫苗、医院、卫生人员和病床等卫生资源的短缺，这也说明疫情后的健康服务和治疗需要进一步加强。但长远来看，关键还是必须实现医疗改革，加强社区卫生服务，旨在提供宣传、预防、治疗、康复和缓解因病造成经济的困难。换句话说，需要的是全民健康覆盖，这不仅意味着为所有人提供高质量的卫生服务和财政保护，而且为具有复原能力的卫生系统提供基础，使其能够迅速识别、应对疫情并从中恢复过来。

1.1.3.3 为应对我国人口老龄化提供新支撑

到 2030 年，我国 65 岁以上老龄人口预计达到 2.48 亿①，约占我国总人口的 17%，此后我国人口预计开始进入持续的负增长。我国的人口红利已逐渐消失，经济的快速发展因人口老龄化而面临前所未有的挑战。老龄人口的患病率、慢性病患病率、老年人失能以及老年人医疗保险的参保情况都是当今医疗卫生服务体系所要面对的困难。我国 60 岁以上老龄人口比例急速上涨，使得"银发经济"快速产生，为了顺应人口结构变化趋势，应抓住老龄化带来的经济机遇，打造多样化、全龄化的养老产业，打造养老医学、康复医学、健康恢复管理的全方位服务系统。研究政府卫生支出、健康产业升级与全民健康覆盖，对于更好地应对我国人口老龄化冲击，实现我国医疗卫生服务可持续运行，具有重要的意义。

1.2 研究内容、方法与技术路线

1.2.1 研究内容

在国内外现有相关研究的基础上，本书将针对目前我国全民健康覆盖研究关注的重点与不足之处，进行进一步的扩展性、系统性的研究。政府卫生支出的根本目的是在有限的卫生资源条件下，实现公共卫生服务的最优供给，从而获得最大限度的健康产出。而最优的健康产出是基于公平、可及、高质量以及可负担的健康服务，也就是全民健康覆盖。因此，政府卫生支出对全民健康覆盖的影响分析实质上就是要评估政府卫生支出目标的达成情况。鉴于此，本书以中国各省份为研究对象，采用《中国统计年鉴》《中国财政年鉴》《中国健康卫生统计年鉴》等数据，分析我国各地区政府公共医疗卫生支出对全民健康覆盖的直接影响与间接影响，以期为完善后疫情时代卫生服务系统、建设"健康中国"提供决策参考。

政府卫生支出对全民健康覆盖的影响有多个方面，本书将围绕其直接影响

---

① 数据来源于《中国民政统计年鉴 2009》。

与间接影响，重点研究全民健康覆盖的指标构建及其时空演变、政府卫生支出对全民健康覆盖的空间影响以及其通过健康产业升级产生的间接影响。本书拟定主要研究内容如图1－1所示。

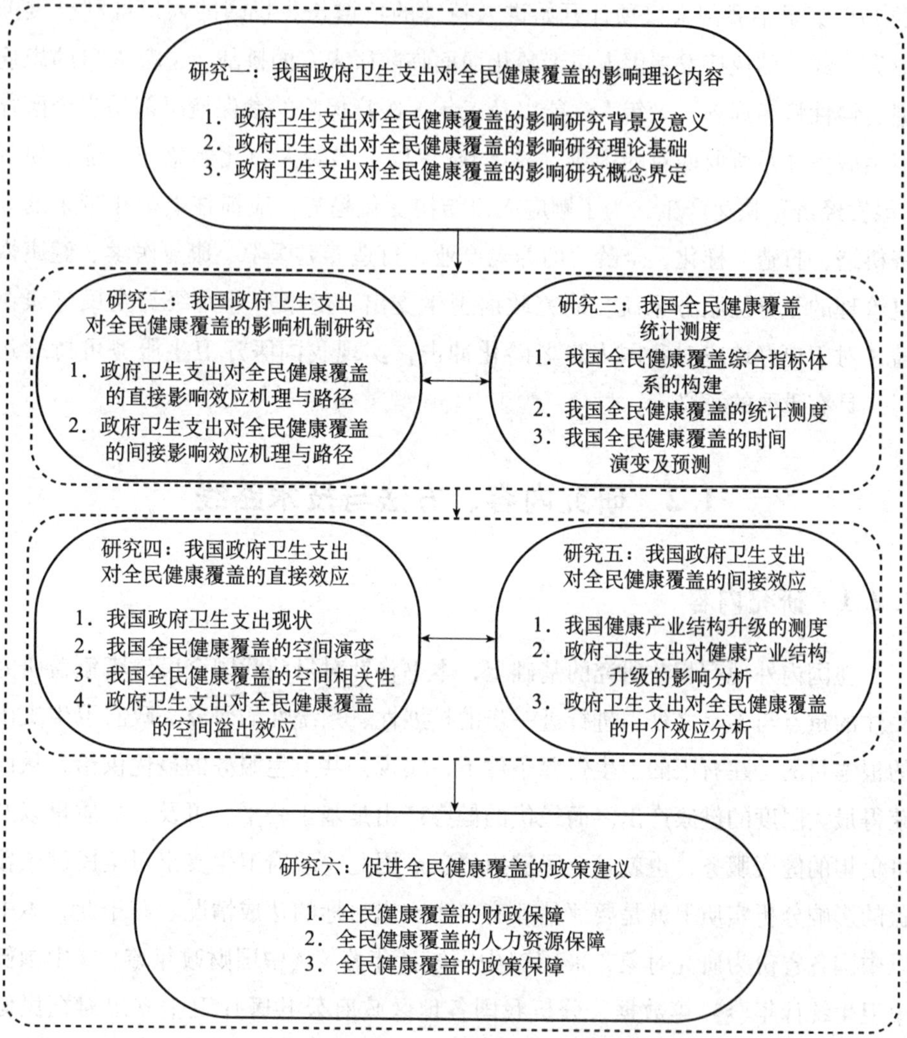

研究一：我国政府卫生支出对全民健康覆盖的影响理论内容

1. 政府卫生支出对全民健康覆盖的影响研究背景及意义
2. 政府卫生支出对全民健康覆盖的影响研究理论基础
3. 政府卫生支出对全民健康覆盖的影响研究概念界定

研究二：我国政府卫生支出对全民健康覆盖的影响机制研究

1. 政府卫生支出对全民健康覆盖的直接影响效应机理与路径
2. 政府卫生支出对全民健康覆盖的间接影响效应机理与路径

研究三：我国全民健康覆盖统计测度

1. 我国全民健康覆盖综合指标体系的构建
2. 我国全民健康覆盖的统计测度
3. 我国全民健康覆盖的时间演变及预测

研究四：我国政府卫生支出对全民健康覆盖的直接效应

1. 我国政府卫生支出现状
2. 我国全民健康覆盖的空间演变
3. 我国全民健康覆盖的空间相关性
4. 政府卫生支出对全民健康覆盖的空间溢出效应

研究五：我国政府卫生支出对全民健康覆盖的间接效应

1. 我国健康产业结构升级的测度
2. 政府卫生支出对健康产业结构升级的影响分析
3. 政府卫生支出对全民健康覆盖的中介效应分析

研究六：促进全民健康覆盖的政策建议

1. 全民健康覆盖的财政保障
2. 全民健康覆盖的人力资源保障
3. 全民健康覆盖的政策保障

图1－1　研究内容

（1）政府卫生支出统计口径。由于各个国家的文化历史以及核算方法不同，各个国家的卫生体制不尽相同。有的国家倾向于用一般税收、免费服务或低价格的公益机构来支持全民健康保障体系，有的国家主要依靠给社会医疗保险筹资来实现上述目标，部分发展中国家则结合两者，通过税收和医疗保险共同筹资，并通过公共和私人混合模式建立医疗保障系统。在比较我国与其他国家的政府卫生支出时，应考虑国家的卫生体制模式，应当在同一模式下进行考察。

（2）政府卫生支出现状。为了能更好地分析政府卫生支出对全民健康覆盖的影响，本书将对政府卫生支出的绝对规模和相对规模进行分析。政府卫生支出主要反映一个国家或地区一年内政府投入卫生领域的资金总额，可以反映出政府部门提供卫生服务的资源总量。我国政府卫生支出一直处于快速增长的趋势，使用规模指标衡量政府卫生支出能够直观地反映政府卫生支出的大小，了解政府价值取向和政策。

（3）全民健康覆盖指标体系的构建。全民健康覆盖的发展是一个持续的过程，随着居民的期望改变以及技术升级而发生变化。全民健康覆盖服务的目标是那些需要促进性、治疗性、预防性、康复性健康服务的人们得其所欲，并且能够接受优质的健康卫生服务以保障健康需求。全民健康覆盖指数是根据基本服务覆盖指标计算的综合指标，它要求有效的健康服务覆盖率。有效的服务覆盖率被定义为服务覆盖范围中能实现最大可能的健康收益的部分。有效健康服务覆盖率是需要服务的人群中接受了满足其潜在健康需求的优质医疗卫生服务的人口比例。有效覆盖反映了一个国家满足人民对优质卫生服务需求的情况，并且是监测全民健康覆盖率的前提。

（4）全民健康覆盖的测度。本书选择了健康预防、健康治疗、健康服务、健康金融四个维度来反映全民健康覆盖情况，包含 2004～2018 年全国除港、澳、台地区外的 31 个省份的 13 个追踪指标，各指标的原始数据均来源于《中国卫生健康统计年鉴》等相关资料。

（5）全民健康覆盖的趋势及预测。本书将运用贝叶斯线性回归模型对我国全民健康覆盖趋势进行预测。我们认为，如果到 2030 年实现全民健康覆盖目标的可能性达到 90% 或以上，那么该指标就达到了目标。本书利用 2004～2018 年的趋势来获得对全民健康覆盖指标的预测，并对 2004 年及以后的趋势指标进行了敏感性分析。

（6）全民健康覆盖的时空演变。本书将运用空间马尔科夫链来反映全民健康覆盖的空间差异、时空演变，并基于区域差异、经济发展水平以及政府卫生支出规模视角讨论我国全民健康覆盖的时空演变。

（7）政府卫生支出对全民健康覆盖的直接影响。当今社会交通日益便利，区域间的卫生资源共享更为便捷，因而各地区的医疗卫生服务呈现出的空间溢出效应将更加明显。鉴于此，本书将继续探讨我国全民健康覆盖情况的时空关联和演变趋势，以期对我国各地区全民健康覆盖情况有更深入的认识，这对于优化财政支出结构具有重要的现实意义。

（8）健康产业结构升级的测度。产业升级是一个复杂的动态过程，总体规模的增加并不能反映产业结构发展的过程，通过三次产业之间协调发展、相互促进才能使我国经济形成可持续发展。本书将通过构建健康产业结构优化指数，来对我国健康产业结构升级的情况进行描述。

（9）政府卫生支出对全民健康覆盖的间接影响。政府卫生支出在影响全民健康覆盖的过程中，健康产业升级发挥着重要作用。政府在卫生部门的投入变化，必然会带动健康服务的发展，直接影响全民健康覆盖。同时，政府卫生支出对全民健康覆盖的影响，既有基于直接扩大健康服务的直接影响，也有通过刺激健康产业升级，对全民健康覆盖的间接影响。本书所关注的是，引入健康产业升级的中间机制，分析政府卫生支出对全民健康覆盖的间接影响机理。

1.2.2　研究方法

本书拟运用宏观经济学、财政学、公共经济学、卫生经济学和卫生统计学等多学科理论和方法，采用规范研究和实证分析相结合、定量研究和定性分析相结合的研究方法。

（1）文献研究法。通过高校图书馆电子文献检索系统等计算机网络各种学术联系渠道，广泛收集与本书相关的各种文献和资料，文献主要来源于中国知网和谷歌学术等数据库。对"政府卫生支出""公共服务""全民健康覆盖""公共支出""空间分布""government health expenditure""universal health coverage"等相关理论概念进行梳理，了解本书相关问题的国内外研究现状，形成本书的具体研究思路、理论模型和研究假设，为本书研究奠定理论基础。

（2）统计分析。结合公共支出与公共服务理论，通过对 2004～2018 年我国各省份政府卫生支出宏观数据统计分析地方政府在卫生部门的投入演进趋势，采用比较分析法对政府卫生支出规模进行横向与纵向比较，并通过健康产业占第三产业比例来反映产业结构升级情况。通过构建全民健康覆盖指标体系，采用空间马尔科夫链评价全民健康覆盖的时空差异，同时采用空间静态与动态计量模型分析政府卫生支出对全民健康覆盖的空间影响。结合地方政府对健康产业发展产生影响的事实，基于健康产业升级采用非参数中介效应分析政府卫生支出对全民健康覆盖的间接影响。所有计量模型通过 Eviews、Spss、Stata、R 语言等统计软件进行分析，并对模型进行稳定性、一致性、平稳性统计检验。

（3）跨学科研究方法。本书研究基于应用经济学、公共卫生学、公共管理学、社会学、政治学知识，从经济学视角研究政府卫生支出影响全民健康覆盖的内在机理。采用应用经济学的公共支出理论、公共服务理论等理论，对公共需求偏好于公共支出规模进行解释分析。选择公共管理学中的新公共服务理论和公共政策知识，阐释地方政府的治理行为。采用公共卫生学中的卫生系统运行机制，分析政府卫生支出对全民健康覆盖的影响路径。

1.2.3　技术路线

本书基于我国"健康中国"建设的发展过程，结合新医改政策下政府卫生支出的新模式、新问题，面对我国老龄化问题加剧，后疫情时代的到来，从政府基本公共医疗服务供给与需求的责任、规模、水平等方面对国内有代表性的研究文献进行全面梳理及评价，运用公共支出、公共服务、产业结构等理论，构建产业结构升级函数。通过计量经济学模型，以政府公共医疗卫生支出为主线，基于"政府公共医疗卫生支出的职责""政府卫生支出对全民健康覆盖影响机制""全民健康覆盖统计测度""全民健康覆盖的时空演变""健康产业升级""政府卫生支出如何影响全民健康覆盖"等问题，对政府卫生支出对全民健康覆盖的直接影响与间接影响进行理论和实证分析。本书的研究框架如图 1-2 所示。

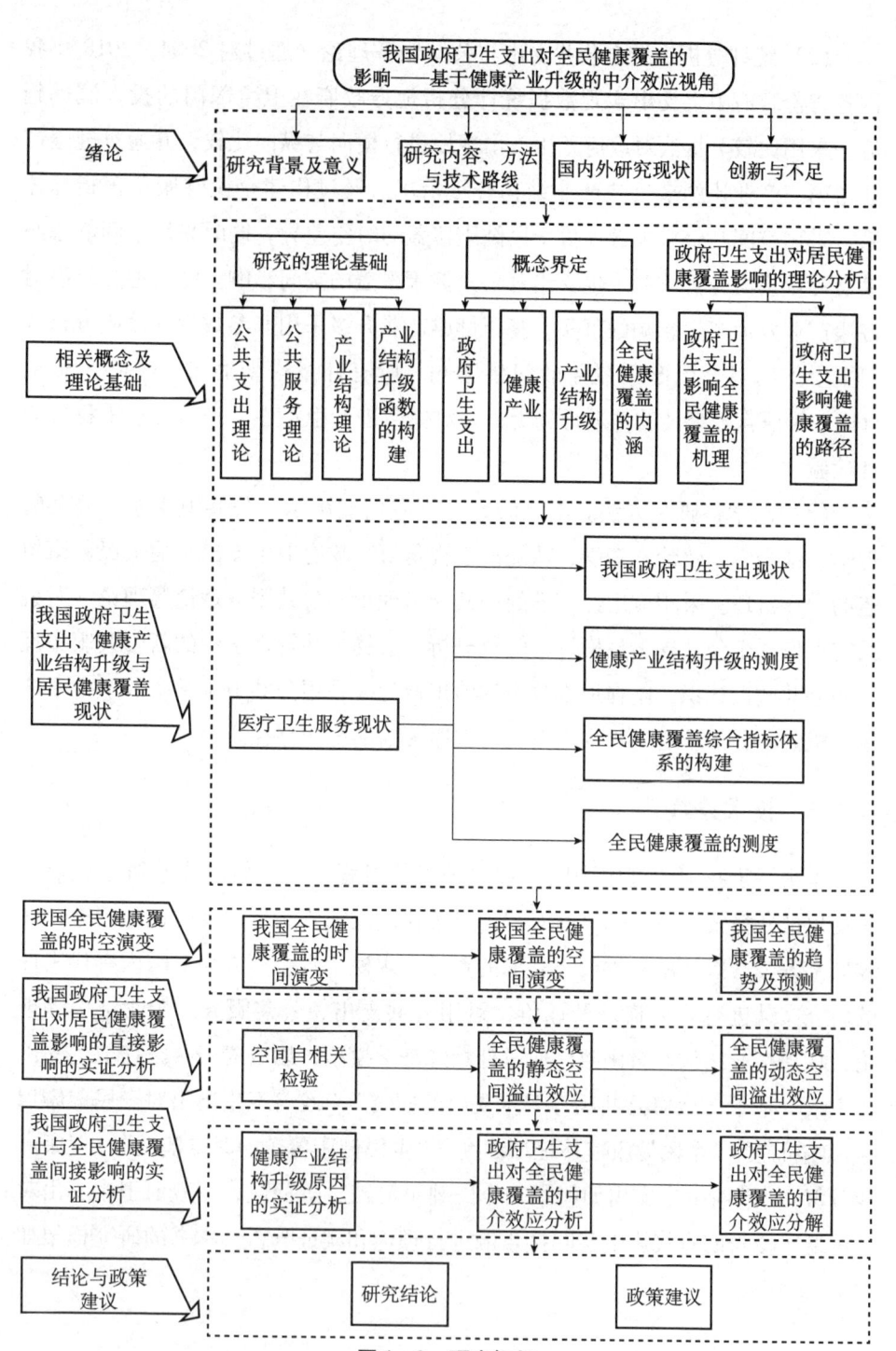

图 1-2　研究框架

1.3 国内外研究现状

通过对国内外相关文献梳理回顾，可以为本书提供理论支撑和研究视角。同时，考虑到本书的主要研究对象为我国政府卫生支出、全民健康覆盖以及健康产业结构升级之间的效应，鉴于此本书主要围绕政府卫生支出投入规模、政府卫生支出的经济与健康效应、健康产业、产业结构升级的测度、全民健康覆盖等内容进行文献梳理。

1.3.1 关于政府卫生支出研究

学术界对政府卫生支出的研究展开了广泛的深入研究，本书主要围绕政府卫生支出规模、国际比较、经济效应、健康效应与卫生服务效应等几个方面进行文献综述。

中华人民共和国成立以来，我国卫生筹资制度的发展主要历经了政府主导（1949～1978 年）、市场化导向（1979～2002 年）和政府重归主导（2003 年至今）三个时期（周婷，2018）。2009 年"新医改政策"的出台进一步加强了政府卫生支出在筹资结构中的占比，表明我国医疗筹资结构进入新的转型阶段。政府卫生支出的提高会释放居民对医疗卫生服务利用的需求（顾昕，2010），与此同时，政府卫生支出规模不足问题开始显现。苗俊峰（2005）、代英姿（2005）认为，我国公共卫生支出总量不足，且存在结构失衡问题。王丽颖（2008）认为，我国卫生总费用和公共卫生费用均低于世界平均水平，且增长缓慢，我国政府卫生支出规模与发达国家甚至中等收入水平国家仍存在较大差距。王小林（2006）提出，中国政府卫生支出占卫生总费用比重低于发达国家和中低收入国家。陈玉文和李萍（2015）采用对比分析法将政府卫生支出与中上收入国家、高收入国家进行比较，得出中国政府卫生投入不足的结论。钱东福、尹爱田等（2007）通过对中国与世界其他收入水平相近的 19 个国家进行横向比较分析，认为我国应增加政府卫生投入比例。刘巧和李丽清（2017）将我国与经济合作发展组织（OECD）国家及金砖国家进行横向对比，发现我国人均卫生费用远低于发达国家，原因为我国间接卫生费用较发达国家更多。仵富涛（2014）认为，虽然政府卫生支出规模逐年增加，但我国卫生支出占 GDP 比重低于世界平均水平。周婷（2018）认为，我国卫生筹资能力与不断增长的资金需求矛盾日益突出是政府卫生支出不足的原因，而不断增长的资金需求体现在政府卫生支出效应当中。

关于政府卫生支出对经济社会生活的效应，学者们从不同角度进行了深入探讨，如收入分配效应、就业效应、经济发展效应等。巴罗（Barro，1990）基于阿罗和柯兹（Arrow & Kurz，1970）的理论模型提出了内生增长理论模型，提出消费性公共支出能够经由提供消费性公共服务起到抑制经济增长的作用，生产性公共支出能够经由提供公共基础设施起到促进经济增长的作用。国内外学者基于此框架，对政府卫生支出对经济增长的影响进行深入研究，但仍未达成一致结论。由于篇幅限制，本章仅分别针对政府卫生支出促进、抑制和不确定经济增长的影响三方面进行归纳，见表 1 – 1。

表 1 – 1　　　　国内外对政府卫生支出的经济效应研究成果一览

政府卫生支出的经济效应	研究文献
政府卫生支出促进经济增长	王相启（2018），杜乐勋（2000），王远林和宋旭光（2003），刘勇政和张坤（2007），德瓦拉扬等（Devarajan et al.，1996），布莱尼等（Bleaney et al.，2001），亨德森和库姆巴卡尔（Henderson & Kumbhakar，2006），赵玉川（2004），柯唱（2010）
政府卫生支出抑制经济增长	罗萨和费尔南多（Rosa Aisa & Fernando Pueyo，2006），王弟海（2008），杨晓胜等（2014），陈浩（2010），伊沃（Eggoh，2015），刘勇政（2007），宗等（Zon et al.，2001），木斯肯（Muysken，2009）
政府卫生支出对经济增长影响不明确	巴罗（Barro，1990），世界卫生组织（WHO，1996），莫哈帕特拉等（Mohapatra et al.，2011），钟晓敏等（2016）

考虑到本书的主要研究对象，接下来将对公共卫生支出的卫生服务、健康效应进行综述。居民对医疗卫生服务的需求是以改善健康为目的，医疗卫生服务能满足居民对于健康的需求，因此改善卫生服务水平极为重要。

关于政府卫生支出对国民健康的影响，部分学者从不同角度论证了政府卫生支出与提高国民健康水平相关性很小。李华和俞卫（2013）研究得出新农合筹资水平对居民健康没有影响。坦兹和舒克奈特（Tanzi & Schuknecht，1997）、沃尔夫（Wolfe，1986）等研究表明，公共卫生支出对居民健康几乎不产生影响。其中，沃尔夫提出，有可能增加政府卫生支出会减少个人卫生支出，最终导致卫生总费用没有变化；也有可能因为公共卫生服务效率降低，抵消了政府卫生支出对健康的影响。

大部分学者提出，政府卫生支出能够改善健康。政府卫生支出对健康的影响是长期性的，其重要性应得到足够的认识。毛文琳（2020）认为，政府卫生支出规模的扩大能显著提高居民健康水平。卫龙宝（2019）利用 CHARLS 数据对农村居民健康进行深入研究，发现政府卫生支出对农村居民健康改善具有显著的正效应。林登等（Linden et al.，2017）研究证实，政府卫生支出对预期寿命的影响显著为正。栾斌和杨俊（2015）研究证明，农村地区政府卫生支出在总卫生支出中的高占比有利于促进农村居民人力资本健康。大量研究表明，公共卫生费用对健康的正向作用明显。波哈里等（Bokhari et al.，2014）在对发展中国家政府卫生支出对健康产出的影响研究中，分析出政府卫生支出是健康产出的重要影响因素这一结论。瓦弟东等（Waddington et al.，1989）使用太平洋 7 个岛国的数据研究发现，政府卫生支出是健康产出的重要影响因素。瑞克和泰勒（Rieck & Telle，2012）通过 47 个发展中国家的健康调查数据分析得出，政府卫生支出对降低 5 岁以下儿童死亡率有着显著作用。张蓓（2017）认为，应从政府卫生支出的不同结构讨论其对健康的影响，"补需方"的医疗保障支出呈现出对居民健康水平的正向影响作用，而"补供方"的医疗卫生支出结论则相反。

国内学者大量探讨了关于政府卫生支出的卫生服务效应。赵文凯（2020）认为，地方政府卫生支出规模存在正向策略性互动行为，对于持续推进基本医疗卫生服务均等化具有重要意义。仲震康（2011）通过研究政府卫生支出对卫生机构数、卫生机构床位数、卫生人员数、医疗机构诊疗人数、医疗机构入院人数等数据的影响，得出我国政府卫生支出对诊疗人数的影响较大，除了对中部地区的卫生机构数和卫生服务人员有正向影响外，与其他卫生服务的变化基本无关。王小林（2019）认为，较低的政府卫生支出加剧了地区和城乡间儿童卫生服务利用的差距。仲震康（2011）在对我国政府卫生支出进行研究时发现，政府卫生支出对卫生机构内部设施及门诊诊疗人次影响较大，东部地区政府卫生支出对卫生机构数有一定影响，中部地区政府卫生支出对卫生服务人员有一定影响。刘民权等（2007）在对我国政府卫生支出进行比较后发现，政府需要进一步加强对卫生领域的投入，使卫生支出向次级卫生机构以及农村经济落后地区倾斜。王小林（2007）研究认为，我国政府卫生支出与新农合对妇女儿童卫生服务利用情况有着重要的影响。江瑾钰（2018）通过运用Charls调查数据，对我国政府卫生支出与医疗卫生服务公平性进行研究，研究结果表明，政府卫生支出具有收入再分配效应，可以缓解医疗卫生服务使用不公平。

通过回顾政府卫生支出相关文献，围绕政府卫生支出规模现状与不足、政府卫生支出的经济效应、卫生服务和健康效应等主题，国内外学术界都进行了大量的研究。相对而言，关于政府卫生支出的规模，大多学者认为我国政府卫生支出存在不足，且增长缓慢。与发达国家甚至中等收入国家相比，我国政府卫生支出不足问题依然明显。关于政府卫生支出的经济效应，国内外学者对其研究结论不一致，部分学者认为政府卫生支出的经济效应显著，还有部分学者认为政府卫生支出的经济效应结果不明确。关于政府卫生支出的健康效应，部分学者认为政府卫生支出的健康效应不明显，但大部分学者认为政府卫生支出对健康的影响效应是长期且作用明显的。关于政府卫生支出的卫生服务效应，大多数学者认为增加政府卫生支出能够对卫生资源、卫生服务以及妇女儿童卫生服务利用情况产生正向影响。

1.3.2　关于健康产业的研究

健康产业包含营养食品、医疗服务及器械、休闲健身、保健用品及器具、健康咨询及健康管理等多个服务和生产领域（殷李松等，2018）。健康产业可分为广义健康产业和狭义健康产业，狭义的健康产业是指向患者提供预防、治疗、康复和保健等服务部门的服务量总和，与我国的医疗卫生服务业有着同等范围。国家统计局2014年发布的《健康服务业分类（试行）》中将健康服务业界定为"以维护和促进人类身心健康为目标的各种服务活动"，主要包括医疗卫生服务、健康管理与促进服务、健康保险和保障服务以及其他与健康相关的服务。邢伟（2014）提出，国内健康领域存在"医疗卫生服务业""健康产业""健康服务业"等不同统计口径。广义的健康产业至今还没有统一通用的统计口径，有学者认为，广义健康产业包含对健康人群提供的健康服务和产品等一系列经济活动和狭义的健康产业。杨林（2015）、范月蕾等（2017）以及张毓辉等（2017）提出，健康产业是与身心健康相关的产业体系。埃贝勒（2010）、胡琳琳和兰宗敏（2014）以及何静等（2016）认为，健康产业包括有机农业、健康用品业、有机食品业、旅游业、体育健身业、零售和租赁服务以及与健康直接相关的产品批发等行业。倪春霞和张晓燕（2016）认为，广义健康产业包含健康事业。2019 年国家统计局发布的《健康产业统计分类（2019）》正式出台，首次提出了健康产业的范围，将健康产业范围划定为医疗卫生服务、健康事务、健康环境管理与科研技术等 13 大类。

促进"健康中国"战略的实施，离不开中国健康产业发展的推动和保障作用。多数研究学者强调健康产业发展的本质是以人为本，是以医疗服务为中心的产业链的前移和后延（申曙光等，2020；胡绪华等，2019），国家以及地区在政府导向上对健康服务业发展具有影响，健康产业的发展与政府制定的产业政策息息相关（谢蓉蓉，2020）。同时，老龄化、城镇化带动了对健康的需求，促进健康产业产值上升，而健康产业属于技术密集型和知识密集型产业，健康人才素质的提升是推动健康产业发展的核心之一（关雪凌，2019）。

综合国内外研究，健康产业研究应从自身角度来讨论，作为关系到国民健康的产业，健康产业的发展也对国民经济的发展起到至关重要的作用。目前，我国健康产业难以满足社会需求，其职能受到了较大限制，并且我国健康产业的发展水平整体较低。

1.3.3 关于产业结构升级测度的研究

所谓产业结构升级，学术界比较一致认可的是 19 世纪 70 年代初日本经济学家提出的产业结构专指产业间的关系结构。亚瑟·刘易斯（Arthur Lewis，1987）认为，劳动力从农业部门过剩转移到工业部门的过程是产业转移的过程。格里菲（Gereffi，1999）从资源配置的角度分析产业升级模式，分别为产业内部升级、不同地区间产业升级、国家内部整体结构产业的转型升级以及国际视角上的产业转型升级四个层次。卡普林斯基（Kaplinsky，2002）从全球价值链角度分析产业升级模式，对于处在价值链低端环节的发展中国家企业，可依次通过工艺、产品、功能的升级，达到产业链的升级。汉弗莱（Humphrey，2002）也认为，产业升级可以划分为工艺升级、产品升级、功能升级和跨产业升级。马克和劳伦（Marks & Lauren，2005）将企业产品升级路径归纳为产品代加工生产向产品自主研发设计模式升级，再向产品自主品牌模式升级。国内外学者在实证研究方面更加强调产业结构升级路径，产业结构优化是指通过产业调整，使各产业实现协调发展，并满足社会不断增长的需求的过程。产业结构优化有两个衡量标志，即产业结构合理化和产业结构高度化。

产业结构合理化是指根据消费需求和资源条件对初始不理想的产业结构进行调整。产业结构是否合理的关键在于产业之间的内在相互作用而产生的一种不同于各产业能力之和的整体能力。国内外学者常用要素投入和产出的耦合程度来刻画产业结构的合理化程度。产业结构高度化是指资源利用水平随着经济技术的进步不断突破原有界限，从而不断推进产业结构中朝阳产业的增长，其标志是代表现代产业技术水平的高效率产业部门比重不断增大，具有持续创新能力。对于如何测度产业结构高度化，不同的研究采用的方法不尽相同，部分学者用三大产业产值的比重来反映产业结构高级化程度（卢洪友等，2019），部分学者更加关注第三产业对产业结构优化的正向作用，使用第三产业产值与第二产业产值之比作为指标（佟孟华等，2018）。只有当各个产业结构的演进能使得其劳动生产率都提高至更高的水平时，这样的产业结构演进才是有意义的，因此有学者使用第三产业劳动生产率与第二产业劳动生产率之比作为产业间结构高级化指标（张权，2018），也有学者通过构建产业结构高级化指数来衡量产业结构高级化程度（贾卫丽和李普亮，2017）。

通过相关研究，我们可以将财政政策对产业结构优化的影响分为两种。一是关于财政支出规模对产业结构优化影响的研究，学界并未得到一致的结论，有学者认为财政支出规模对产业结构优化升级产生正向影响（程兰芳和黄皓，2018），也有学者认为财政支出规模对产业结构升级影响为负（Sasaki et al.，2009；储德银和建克成，2014），这些研究大部分选用的模型为依赖于不变参数的计量经济模型。当然，也有学者从非线性角度探索了财政支出规模对产业结构优化升级的影响，他们分别从经济区制（任爱华等，2017；毛军等，2014）、空间效应（佟孟华等，2018；贾敬全等，2018）等多元角度讨论财政支出规模对产业结构优化升级的影响。二是关于财政支出结构对产业结构优化升级影响的研究。学者普遍认为财政支出结构对中国三次产业的推动作用十分明显（钱龙，2017），其中不乏学者认为公共支出会促进产业结构优化升级（杨晓妹和刘文龙，2019；于力和胡燕京，2011）。政府卫生支出作为财政支出中公共支出的一部分，通过预付降低人民医疗费用，提高人民购买力，改善公共卫生，促进产业发展。因此，其短期和长期劳动力集中有助于改善人口状况或恢复个人健康，并引发劳动力聚集从而有利于优化和改善产业结构。因而，研究政府卫生支出对健康产业结构优化升级的影响具有重要意义。

综上可见，学者对产业转型升级的概念提出及理论研究范围较广，随着相关研究的不断深入，产业转型升级的新视角随着全球价值链分析方法的提出不断呈现。国内外学者在全球价值链分析方法提出之后，对产业转型升级理论体系和理论框架界定都做了大量的研究。国内学者对产业结构升级的研究更加关注定性研究，对于微观行业与企业的关注度也较大，运用空间模型分析地域性产业结构升级的研究运用较为广泛。关注产业结构优化有利于丰富我国健康产业内容，推动并加快产业高质量发展和提高国际竞争力。健康产业结构优化应为医疗服务业逐渐向养生、保健、体育、休闲、娱乐等提高人民生活质量的方向扩展。测度产业结构合理化的方法应更加关注产业劳动力要素投入与产出的关系，测度产业结构高级化的方法应更加关注劳动密集型产业向技术密集型产业转化的过程。

1.3.4 关于全民健康覆盖的研究

世界卫生组织（WHO）2010 年发布的世界卫生报告《卫生系统融资：实现全民覆盖的途径》中指出，世界各国一直实施旨在加速全民健康覆盖进程的改革（Etienne et al.，2010）。世界银行集团总裁金勇在 2013 年 5 月世界卫生大会上发言说："我们可以推动历史的轨迹，以确保世界上每个人都能在这一代人中获得负担得起的优质卫生服务。"[①] 在 2017 年 9 月的《柳叶刀全球医学》杂志社论中，世界卫生组织总干事泰德罗·阿达诺姆·盖布雷耶苏斯称

---

① http：//www.worldbank.org/en/news/speech/2013/05/21/world-bank-group-presidentjim-yong-kim-speech-at-world -health-assembly，accessed 2 December 2017.

全民健康覆盖是一个道德问题，他问道："我们希望我们的同胞因贫穷而死亡吗？"（Ghebreyesus，2017）。由此可见，全民健康覆盖应得到世界各国的重视。哪些保健服务造成财政困难？来自东南亚地区、欧洲地区和非洲国家的研究表明，医药花费占最大比例现金卫生支出，并且东南亚地区和欧洲区域最贫困的家庭与灾难性卫生支出家庭高度相关。麦金太尔等（Mcintyre et al.，2017）指出，世界卫生组织调查东南亚11个成员国近20亿人，发现除马尔代夫和泰国外，政府在卫生方面的支出占国内生产总值的0.4%~2.5%，低于实现全民健康覆盖所需的估计数额（至少5%），且这些家庭的融资负担很重。相同的是，世界卫生组织在2016年调查孟加拉国和缅甸，发现该地区卫生支出平均有47%是自费的，个人现金支付达到70%以上。[①] 王等（Wang et al.，2018）研究表明，2015年全球自费医疗支出低于每日1.90美元贫困线的人口中，约有60%来自东南亚地区；药品支出超过75%的总现金卫生支出的家庭很难承担任何现金卫生支出，并且斯里兰卡是世界上在这方面花费最多的国家。

多数学者的研究表明，全民健康覆盖作为公共医疗卫生服务的一部分，应由政府主导筹资。田园（2012）论证得出，高效的政府规制可以提高医疗卫生服务公平性。周寅（2006）研究认为，供给医疗卫生公共服务的责任应由政府负责。佟珺（2009）提出，由于市场本身无法实现医疗卫生服务的普遍性、政府卫生服务价格的形成具有特殊性，政府应介入医疗卫生服务市场。随着医疗卫生体制改革的不断深化，加强医疗卫生服务中的政府责任已经达成共识。2012年底，联合国大会通过了一项决议，强调各国政府有责任为"实施紧要的和飞速发展的医疗卫生服务而努力"。

有学者指出，公共卫生支出与全民健康覆盖的关系紧密相关。门的内哥罗等（Montenegro et al.，2013）指出，在哥斯达黎加使用来自工资税（向雇主和雇员征收的强制性健康保险缴款）和政府一般预算收入的综合资金，作为国家保险健康金，朝着统一的全民健康覆盖系统迈进，努力通过公共资金向所有人提供相等的服务。格拉尼奥拉提等（Gragnolati et al.，2013）研究发现，

---

① World Health Organization. Global Health Expenditure Database，http：//apps. who. int/nha/data-base/ Select/ Indicators/en.

巴西投入于全民健康覆盖的资金主要依赖中央和地方政府的一般税收收入，并在州、市和国家各级组织统筹。然而，吉迪恩（Giedion，2013）认为，巴西这种不同的基金投入于不同的人群当中，这样的安排往往会加剧潜在的社会不平等。查克拉博蒂（Chakraborty，2013）认为，菲律宾为最脆弱的人群提供了更全面的计划，但这是在单一支付方框架内，而不是作为一个单独的计划组织起来的。梁等（Liang et al.，2013）研究表明，在中国新合作医疗计划的一些版本中，患者支付高达75%的服务费用。博尼利亚（Bonilla，2013）指出，在墨西哥政府性保险计划能够完全补贴人口。比特兰（Bitran，2013）也提出，私人资助计划通过强制性的结合能提供额外的贡献。瓦格斯塔夫等（Wagstaff et al.，2017）经过全球分析表明，西班牙更多地依赖公共卫生支出往往与灾难性的发病率呈负相关，并发现私人健康保险与金融保护指标没有显著的关联。唐奈尔等（Donnell et al.，2007）研究得出，卫生系统对全民健康覆盖的资金主要来自政府，并将越来越多地来自政府，但是家庭自付款项是初级保健支出的主要来源。埃奥泽努（Eozenou）认为，大多数政府在公共预算分配中对初级保健的优先地位较低。乔伊特等（Jowett et al.，2016）认为，更多的总支出（包括公共和私人）与服务覆盖率密切相关，而更多的公共支出尤其与金融保护相关。斯滕贝格等（Stenberg et al.，2019）在任何给定的国内生产总值和财政能力水平上，用于初级保健的支出可以通过主要途径增加：重新分配政府支出，使之有利于整体医疗卫生体系。

到目前为止，有关政府应在医疗卫生保健服务中投入多少资金的问题一般分两类讨论：第一类是规定了人均绝对数额（Ivinson，2002；Elovainio et al.，2017），其优势是提供了绝对数量的卫生支出。第二类是相对目标，其中最有名的是"Abujia目标"（Turner，2001），这项目标呼吁将财政支出的15%用于政府卫生支出；还有一种形式的相对目标是注重政府卫生支出占GDP的比重（Meheus et al.，2017），这种形式考虑到国家的负担能力，不会以牺牲其他部门的支出为代价。艾迪安等（Etienne et al.，2010）提出，如果要在全民健康覆盖方面取得进展，就需要增加政府资金，从而减少对自付医疗卫生支出的依赖，以提供财政保护，还需要减少对自付私人保险的依赖，因为自付医疗费用与自付医疗保险都无法促进全民健康覆盖中健康金融的公平性。许（Xu，

2003）通过对 59 个国家数据的研究表明，增加 1% 自付现金支出会使家庭增加 2.2% 面临灾难性卫生支出比例。贾米森等（Jamison et al.，2013）研究表明，增加用于初级保健的公共支出将使大多数国家能够促进初级保健服务的获取和质量。麦金泰尔（Mcintyre，2012）通过运用国际数据分析发现，政府卫生支出至少占 GDP 的 5% 才能满足全民健康覆盖的目标。

关于全民健康覆盖的问题研究，国内外学者针对医疗卫生服务中自付卫生费用对其的影响较多。学者普遍认为，自付卫生费用增加会提高灾难性卫生支出，并且根据调查部分国家数据得出，一部分国家的政府卫生支出低于实现全面健康覆盖所需的估计数额。政府卫生服务价格的形成具有特殊性，政府应当介入医疗卫生服务市场并充分运用市场管理机制。有学者指出，公共卫生支出与全民健康覆盖密切相关。部分国家政府作为筹资方提供健康保险金，对全民健康覆盖产生正向影响，尤其与全民健康覆盖中的金融保护相关。国内外学者对政府应在医疗卫生服务中投入多少也进行了一定的探讨。分别从绝对政府卫生支出、政府卫生支出占财政支出比例、政府卫生支出占 GDP 比例进行讨论。

1.3.5　文献述评

本节围绕政府卫生支出规模、政府卫生支出的经济效应、健康效应以及社会效应，健康产业以及产业结构升级，全民健康覆盖等主题，对国内外现有文献进行回顾。从现有研究成果来看，无论是研究视角、研究方法还是研究结论等，都具有深入研究的学术价值与现实意义，但也存在有待完善之处。

（1）政府卫生支出研究对象有待进一步拓展。国内外学术界对政府卫生支出的现状与不足，政府卫生支出的经济、卫生服务、健康效应做了大量的研究，然而，政府卫生支出效应是综合且复杂的。大多数学者仅单一地从卫生服务角度或者居民健康角度研究其非生产效应，而忽略了对全民健康覆盖这一综合指标的研究。在政府责任划分下，政府卫生支出的作用是在不遭受经济困难的基础上，保障人人享有基本公共卫生服务。但是，政府卫生支出对全民健康覆盖的影响研究鲜有文章涉及。

（2）健康产业的相关研究有待进一步丰富。健康产业的发展不仅有助于国民经济的发展，还关系到国民健康问题。国内对健康产业研究仅限于理论探讨，没有实践层面的统一标准。随着健康产业包含内容的扩展，基于传统角度测算健康产业经济规模时，现有的卫生总费用显然无法科学地衡量产业经济规模，只有将传统的健康服务同时扩展到健康农业、健康工业、健康休闲旅游业、健康服务业、健康金融等大健康的范围，才能依照"健康中国"建设的指导，确保健康产业在国民经济中的地位。

（3）健康产业结构升级原因有待进一步明确。在国外学者早期对产业升级理论研究的基础上，现有研究尽管对产业升级的原因进行了探讨，但缺乏对健康产业结构升级的关注。与国民经济体制中三次产业分类不同，健康产业既包含如健康工业的生产型产业，也包含如健康服务业的服务型产业，其产业结构优化调整通过单一的市场配置或财政补贴无法实现。健康产业所提供的产品和服务具有很强的正外部性，需要依靠政府、技术、人力资源等因素发挥积极作用。由此可见，忽略财税政策等因素在健康产业结构升级过程中的影响显然会限制健康产业结构升级路径的扩展。

（4）全民健康覆盖的空间特征有待进一步探讨。现有研究尽管通过计算不同人群财富五分位数等角度来反映全民健康覆盖的不平等程度，但对区域差异、经济发展、财政政策等特征因素考虑不够。从单一角度观察全民健康覆盖差异，会削弱全民健康覆盖的指征意义，会掩盖弱势群体的低覆盖水平。同时，探讨全民健康覆盖的空间差异，以及如何基于空间差异分析全民健康覆盖的时空演变，并分析其空间溢出效应却鲜有涉及。

（5）全民健康覆盖的统计测度有待进一步规范。现有国外研究对全民健康覆盖的测度进行了大量的探讨，对我国全民健康覆盖的测度却鲜有研究。关于我国全民健康覆盖的研究只关注居民基本医疗保险、医疗卫生服务数量，甚至仅以门诊诊疗人次这一个指标来代表全民健康覆盖。作为有导向化作用的评价量化工具，无法体现我国国情和"健康中国"建设发展格局的要求，不考虑健康预防、健康治疗、健康服务以及健康金融在全民健康覆盖上的作用差异，而用单一的指标去衡量，显然有失合理和公允。

（6）全民健康覆盖影响因素有待进一步挖掘。关于全民健康覆盖的影响因素研究中，国内外学者针对医疗卫生服务中自付卫生费用对其的影响研究较多，但对政府责任对全民健康覆盖起到的支撑作用未给予充分考虑，同时，对政府投入规模的影响研究也不够深入。由于全民健康覆盖要求居民免于遭受经济困难而享受到医疗卫生服务，自费医疗有可能使居民陷入"因病致贫"的风险，由此可见，政府投入规模对全民健康覆盖的影响效应研究极为重要。我国人口老龄化和流行病学的变革以及卫生人力资源的短缺，对我国实现全民健康覆盖都形成了新的挑战。深入挖掘全民健康覆盖影响因素有利于深化医疗体制改革，完成"健康中国"建设以早日实现全民健康覆盖。

1.4 创新与不足

1.4.1 创新点

本书可能的创新之处有以下四点。

第一，弥补了我国关于政府卫生支出对全民健康覆盖的影响研究上的缺失。国际社会始终倡导的核心理念就是"全民健康覆盖"，国外关于全面健康覆盖的研究非常多，学者从多角度提出了对全民健康覆盖的认知。然而，国内对全民健康覆盖的研究门可罗雀。我国自改革开放以来逐步走向全民健康发展的历程，但国内学者对于全民健康覆盖的研究大多基于策略选择视角去分析，对政府在卫生领域的投入规模所起的作用缺乏深层次研究，普遍讨论的是我国全民健康覆盖的发展道路而未涉及政府的作用有多大。本书在国内外研究全民健康覆盖的文献基础上，实证分析了全民健康覆盖中政府卫生支出的直接影响和间接影响路径以及内在逻辑，丰富和完善了我国在全民健康覆盖实现道路上的公共投入理论，拓展了全民健康覆盖的研究视角。

第二，构建了一个具有中国特色的全民健康覆盖指标体系。我国实现全民健康覆盖的过程可以分为实现基本医疗保险的全民健康覆盖和实现基本公共卫生服务的全民健康覆盖两个阶段。关于如何综合评价我国各地区全民健康覆盖成果，大多数文献的评价较为单一化，有学者从居民保险的角度切入，也有学者只讨论医疗服务量。本书在世界卫生组织提出的全民健康覆盖指标基础上，注重从健康预防、健康治疗、健康服务以及健康金融四个层面构建我国全民健康覆盖的综合指标体系，以便为我国全民健康覆盖以及卫生领域的相关研究提供一定的参考。

第三，揭示了健康产业升级在全民健康覆盖实现道路上的地位和作用。健康产业作为我国新兴产业，目前国内外文献对健康产业结构升级的研究并不多见，对其研究大多停留在理论层面。在充分肯定我国政府卫生支出对全民健康覆盖的直接影响基础上，也要清晰地认识到政府卫生支出的影响效应并不是单一的。近年来，我国健康产业飞速发展离不开政府的投入，而健康产业的发展引领全民健康覆盖的提升。研究我国政府卫生支出对全民健康覆盖的影响，强调将健康产业升级融入研究的总体框架内，能有效解决目前研究政府卫生支出影响全民健康覆盖的单一性问题，为我国健康产业发展提供新思路的同时，还可从不同层面反映我国财政支出的影响效应和水平。

第四，创新了空间马尔科夫链与非参数中介效应在全民健康覆盖研究上的方法运用。针对政府卫生支出影响效果的空间差异和非单一线性，本书运用空间动态杜宾模型和非参数中介效应开展全民健康覆盖的影响因素研究，具有一定的方法创新性和应用创新性。本书以空间马尔科夫链展开全民健康覆盖的空间异质性研究，从空间静态和空间动态角度分析政府卫生支出对全民健康覆盖的空间影响。区别于他人提出的单一线性中介效应，本书运用非线性中介效应，基于健康产业升级视角，反映政府卫生支出对全民健康覆盖的间接影响，以期为我国完成全民健康覆盖进程、实现多元化建设提供一定的参考。

1.4.2 存在的不足

本书主要从宏观层面揭示了政府卫生支出对全民健康覆盖影响的内在逻辑，由于受研究资料和自身学识所限，本书依旧存在一些不足。

一是受限于数据的可得性、实效性和严谨性，本书在指标选取上未能将反映全民健康覆盖当中的慢性病、吸烟、饮酒等指标纳入其中。

二是由于我国 2007 年实行新一轮医疗体制改革，新型农村合作医疗保险和城镇居民医疗保险逐步取代为城乡居民医疗保险，故本书在健康金融方面仅选取城镇职工保险这一指标来反映。

三是本书实证分析上对指标内生性问题考虑不够。由于主要解释变量较多，难以获得合适的工具变量，所选择的计量回归模型目前尚缺乏有效处理内生性问题的估计方法和技巧。在研究对象的层次上，主要立足对整个省级区域宏观层面进行研究，对微观层面缺乏关注。

第2章

相关概念及理论基础

为深入探讨我国政府卫生支出对全民健康覆盖的直接影响，以及基于健康产业升级中介效应的间接影响，本章在参阅国内外研究文献的基础上，对政府卫生支出、健康产业、产业结构升级与全民健康覆盖概念进行界定，并以公共财政理论、资源分配理论、产业结构理论、公共服务理论与区域协调发展理论为核心进行探讨，为后续研究提供有力的理论支撑。

2.1 政府卫生支出的研究基础

2.1.1 政府卫生支出概念

2.1.1.1 政府卫生支出定义与目标

按照世界卫生组织（WHO）的规定，"卫生总费用"是衡量卫生总投入的一般指标，它包括政府预算卫生支出、社会卫生支出、居民个人卫生支出三大项。政府卫生支出是指政府公共卫生服务经费。政府卫生支出作为公共支出，被定义为"政府集中一部分社会资源，为满足社会公共需要，用于为市场提供公共物品的财政运行模式"。同时，政府卫生支出的主要目标是满足社会对于医疗卫生服务的需要，而不是满足某一特定社会阶层或者社会群体。我国政府卫生支出包括以卫生服务供给效率为核心、具有法制程序规范化的财政管理，兼顾公共产品公平和效率的财政管理以及公共产品民主管理的财政管理模式。政府卫生支出的本身特性决定了其重要体现在于公共性，推进政府卫生支出体制改革的首要任务是满足所有人都能享受到医疗卫生公共服务。

2.1.1.2 我国卫生筹资发展历史进程

我国卫生筹资制度经历了不同时期卫生筹资体系的发展历程，中华人民共和国成立以来，我国卫生筹资制度的发展主要历经了政府主导、市场化导向和政府重归主导三个时期。第一个时期为1949～1978年，新中国成立以后政府占主导的卫生筹资体系；第二个时期为1979～2002年，改革开放后市场化导向的卫生筹资体系；第三个时期为2003年至今，"非典"后政府加强作用的卫生筹资体系。不同发展阶段既反映了特定的社会经济条件，也是对以往制度的传承与改良。

2.1.1.3 我国政府卫生支出结构与统计口径

按照政府卫生支出具体细项来说，公共卫生服务经费包括计划生育事业费、卫生事业费、中医事业费、药品监督管理费、预算内基建支出、卫生行政管理费、医学科研经费、政府其他部门卫生服务费、高等医学教育经费等。我国政府卫生支出对象覆盖医疗卫生管理机构、公共医疗机构、公共卫生防疫机构、医学科研机构和突发性公共卫生事件的医疗救护等。从图2-1可以看出，按照政府卫生支出统计口径，可以分为中央划拨、各级政府与下属研究组织在卫生领域的支出；按照功能性结构划分，可以分为医疗卫生服务支出、医疗保障支出、卫生和医疗保障行政管理支出、人口与计划生育事业支出等各项事业的支出。

2.1.1.4 广义政府卫生支出与狭义政府卫生支出比较

广义的政府卫生支出包括中央政府、地方政府等各级政府单位、社会保障基金以及由政府控制或政府筹建的非营利性组织的卫生投入，反映了政府和机构作为筹资主体在维持筹资过程中的作用。狭义的政府卫生支出不包括其他筹资部门的转移支付（张婷，2018），狭义的政府卫生支出为广义的政府卫生支出的一部分。世界各国对政府卫生支出的统计口径略有不同，但大多使用广义政府卫生支出这一统计口径，也就是卫生总费用中除去私人卫生支出的部分都记为广义政府卫生支出。虽然各国政府卫生支出的统计口径大小不同，但政府卫生投入可以直接或间接影响一个国家的健康市场运行情况。按照政府卫生支

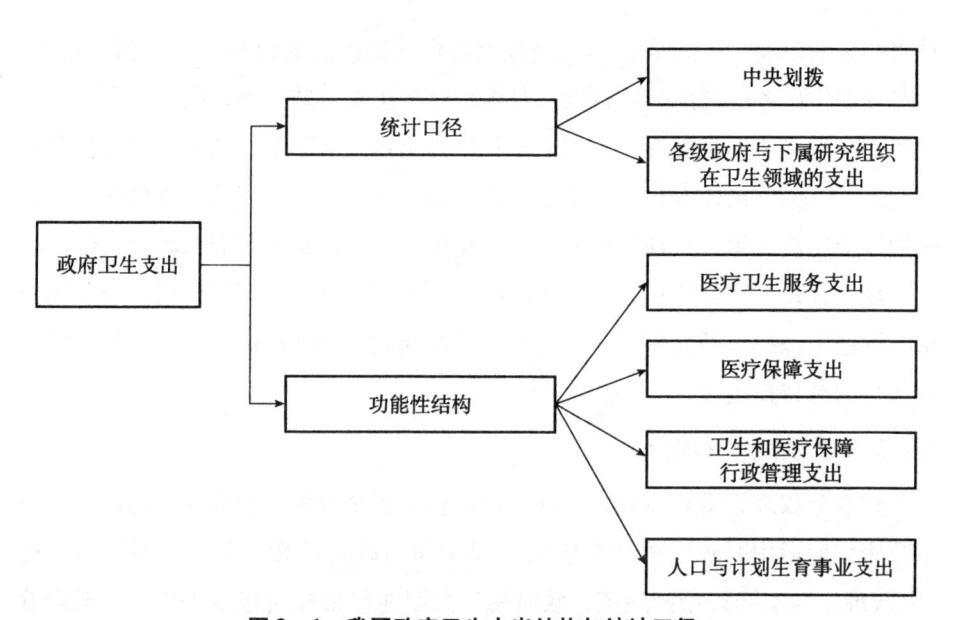

图 2-1 我国政府卫生支出结构与统计口径

出补助对象不同，我国政府卫生支出可分为"补供方"和"补需方"。"补供方"指在医疗卫生服务机构和医疗卫生服务人员方面的支出，属于财政补贴。"补供方"支出可以看作是在生产环节的支出，目的是要求医疗卫生服务机构能够以低于市场的价格为居民提供服务。"补需方"指在特定目标，如高危人群或弱势群体的支出，属于社会保障支出。"补需方"支出可以看作是消费环节的支出，其目的是对消费者进行补贴，实际受益方为消费者。

2.1.2 政府卫生支出相关理论

2.1.2.1 公共财政理论

国内学者为适应我国由计划经济管理体制向社会主义市场经济管理体制的转型，将既满足政府管理的现实需要，又能够适应社会主义市场经济运行机制的财政管理体制定义为公共财政管理体系。1999 年，张馨在其著作《公共财政论纲》中提出，公共财政是具有公共性、非营利性以及法治化的财政类型。同年，陈共提出，公共财政是政府为保障国家安全和社会秩序、实现经济均衡发展、提高社会公共服务水平的分配活动。

因此，公共支出是一种由政府主导的公共、规范、透明、民主、法制、弥补市场失效以及"一视同仁"的财政运输模式。公共支出是不以营利为目的，为市场提供服务的政府分配行为；是维护经济正常运转，保障国家安全和社会秩序，实现经济均衡发展的分配活动；是为满足社会需要，国家使用的公共服务支出。公共支出体系包含以下三方面内容：一是运用政府的财政政策以及掌握的社会经济资源，实现资源的有效优化配置；二是提高政府财政管理的法制化、规范化以及科学化；三是运用财政政策实现经济宏观调控作用，使市场经济能够稳定保持增长作用，在收入分配环境起到调节作用以及市场机制能够正常运行的维持作用。

2.1.2.2　财政分权理论

财政分权理论重点研究政府在分配责任与资金分配上的纵向结构问题，关于政府如何运用财政手段使各级政府间实现财政责任相一致，马斯格雷福的《财政理论与实践》中阐述道，政府的三大职能包括社会稳定工作、资源配置作用以及收入分配能力。马斯格雷福认为，稳定社会和收入分配应由中央政府来承担，资源配置作用应由地方政府负责。思迪格勒在其著作中进一步对财政分权的合理性进行论证，提出地方政府比中央政府更加了解本地区居民对于公共产品的需求和偏好，具有更加接近本地区居民的天然优势。特雷西通过偏好误识理论，在其著作《公共财政学》中指出，中央政府在获取全体居民公共产品消费偏好时，由于存在信息传递偏差和信息不对称等现象，容易形成决策偏差，而地方政府更加了解本地区居民对公共产品的偏好，因此由地方政府提供地方性公共产品容易提高社会福利水平。

综上所述，在考虑全民健康覆盖的供给方时，应结合上述学者对中央政府与地方政府的职能分析，考虑地方政府对于了解本地区居民公共产品和公共服务偏好的天然优势，着重对地方政府卫生支出进行研究。

2.1.2.3　资源配置理论

卫生资源与其他经济资源一样具有稀缺性，把相对稀缺的资源合理分配至不同的部门就是资源配置。在市场经济中，通过价格实现私人物品的有效配置称为帕累托最优，而当市场失灵时，政府就应当干预经济活动。在资源稀缺性的观点下，应考虑机会成本，在一定的政府卫生支出下，合理配置卫生资源才能有效地满足居民对于公共卫生服务的需求。卫生资源同时具有可替代性，供给方可以根据健康生产要素的可替代性来实现节约成本并增加收益的目的。投入要素的组合比例通过技术水平来决定，提高技术水平有助于优化投入要素的组合。在考虑卫生资源配置时，因强调不同要素间的相对价格与技术水平，使效益成本最小化或使效益收益最大化应成为卫生资源配置的重要决策依据。

2.2　健康产业及其结构升级理论分析

2.2.1　健康产业的定义

健康产业起源于健康管理的概念，为满足人民群众日益增长的健康需求，2016 年 8 月，习近平总书记、李克强总理在全国卫生与健康大会上提出要加快发展健康产业，随后印发的《"健康中国 2030"规划纲要》（以下简称《纲要》）强调"健康中国"建设的任务之一为加快扩大健康产业，国民经济发展的支柱性产业应当由健康产业作为发展中坚力量。《纲要》明确表明我国的健康产业应为"大健康产业"概念，不仅包含传统的医疗卫生服务业，还应包含以恢复健康、维持健康、治疗疾病、预防疾病为目标的健康产业。2017 年 10 月，习近平总书记在党的十九大上再次提出，实施健康中国战略，发展健康产业。为贯彻落实党中央国务院关于发展健康产业的重大部署和《纲要》等有关健康产业发展要求，科学界定健康产业统计范围，全面了解健康产业发展状况，引导和支持健康产业发展，推动《纲要》等相关政策落实落地，亟待建立健康产业统计分类标准。2019 年 1 月 3 日，国务院召开专题会，对修订工作提出要求，会后，根据专题会要求，进一步修改完善。2 月 11 日再次征求国家发展改革委、国家卫生健康委的意见，形成提交国家统计局常务会审议《健康产业统计分类》的送审稿。3 月 13 日，国家统计局第 4 次局常务会议讨论通过送审稿。

健康产业是指以生命科学与生物技术为基础，以医疗卫生服务为目的，以促进和改善居民健康水平为作用，以提供居民所需的健康产品的生产活动集合。健康产品也是以促进与改善居民健康为目的的生产产品。根据《国民经济行业分类》，我国健康产业包含以健康农林渔牧业为主的健康第一产业，以健康生产制造工业为主的健康第二产业，以健康医疗卫生服务为主的健康第三产业。医疗卫生服务包括 4 个种类，分别是治疗服务，康复、护理服务，独立医疗辅助性服务，公共卫生服务。健康事务、健康环境管理与科研技术服务包括 3 个种类，分别是政府、社会组织和园区健康管理服务，健康环境管理服务，健康科学研究和技术服务。健康促进服务包括 5 个种类，分别是体育运动服务、健康旅游服务、养生保健服务、母婴健康照料服务、健康养老与长期养护服务。健康保障与金融服务包括 3 个种类，分别是健康保险服务、健康保障服务、健康基金与投资管理服务。详情可见附录 1。

2.2.2 产业结构理论

产业结构是指国家间或者地区间的产业间或内部间的资源与构成的配置情况。一个国家或地区的财政政策调整，产业结构也会相应地发生对应调整和改变。国内外学者对产业结构升级进行了大量的理论研究，取得了丰硕的成果。本节将从产业升级发展的历史视角对产业结构升级理论进行介绍，为后续分析奠定理论基础。由于产业结构升级的规律与经济发展规律密切相关，国内外学者对产业结构升级开展了广泛的讨论，其代表性研究如下。

2.2.2.1 配第—克拉克定理

英国古典经济学家威廉·配第（William Petty）在 19 世纪第一次发现产业结构的差异为国民经济发展水平和人均国民收入差异的关键。他收集整理二十多个国家的数据，将经济活动划分为第一、第二、第三产业，以劳动力人数占比反映产业结构变动情况，发现不同产业创造的新增价值是不一样的。由于农业产品是生活必需品，需求无弹性，其产业特点为劳动生产率递减，由经济水平最低的国家的 80% 减少到最发达国家的 7%～8%。而工业和服务业呈现劳动生产率递增的特征，工业劳动力占比持续增长到 40%～50% 时保持平稳，服务业劳动力份额持续增长。服务业创造的价值高于工业、农业。科林·克拉克（Colin Clack）发现，随着国民收入的提高，在经济发展的初期第一产业在国民经济中占主要比例，随着第二产业劳动生产率的提高，其地位逐渐提高并伴随着劳动力转向第二产业。随后，第三产业开始代替第一、第二产业占主要地位，劳动力转向第三产业。劳动力转移的过程与人均国民收入增加的过程一致，当人均国民收入增加时，第二、第三产业的劳动力占比自然会逐渐提高。第一产业主要为基本需要的食品，包含农业、林业、畜牧业、渔业和各种采集业，第二产业为提供工业日用品和耐用消费品，包含建筑业、制造业和运输业，第三产业为除基本生活资料外的各种需求，包含除第一、第二产业外的所有行业。这种产业结构的划分与经济发展阶段基本一致，克拉克定理的形成依据是多个国家的时间序列变化，劳动力变化作为衡量指标，其奠定了产业结构研究的基础。但是，配第—克拉克定理无法解释劳动力就业与产业变动的便利情况，也无法提示产业结构变动的总体趋势和发展规律。

2.2.2.2　库兹涅茨的人均收入影响论

20 世纪 60 年代初，美国经济学家库兹涅茨（Kuznets）在考察国民收入占总国民收入比例与劳动力的产业布局时，分析了各产业结构在不同时点的分布状态，并提出了关于收入分配与产业结构演变关系的倒"U"形假说：在经济增长过程中，农业增加值与农业劳动力占 GDP 比重减少，工业增加值占 GDP 比重上升，工业劳动力比重基本平稳或小幅增加。第三产业增加值占比上升到一定阶段后趋于稳定，但劳动力比例逐步上升。通过实验数据，库兹涅茨还发现，在人均国民收入较低的分组中，内部不存在显著的变化，非农业行业的收入比例增长迅速；在人均国民收入较高的分组中，非农业行业之间与内部结构转移较为明显。库兹涅茨还引入了"比较劳动生产率"来阐述产业与收入的相对差异关系，其计算公式如下。

比较劳动生产率 = 某一产业国民收入相对比重/该产业劳动力相对比重

库兹涅茨理论的核心观点认为，产业产值的比例和就业比例变化的速度和途径存在差异，但是趋势一样。库兹涅茨从产业产值变动和劳动力变动的视角考察了产业结构演变规律，与配第—克拉克定理相比更为全面。

2.2.2.3　钱纳里的工业化阶段论

美国经济学家钱纳里（Chenery）在库兹涅茨的基础上通过更加深入的研究，进一步将研究领域扩大，总结出投资效率、消费者需求规模和人均 GDP

是影响制造业发展的主要原因。根据对经济市场的基本假定①：钱纳里认为一个国家的经济水平提高与产业结构转换的联系是必要的。他利用101个发展中国家和地区1960~1980年的经济结构转变过程历史资料，加入包含收入水平和人口数的27个外生变量，演算了10个基本经济过程，验证在不同的人均收入水平下，制造业内部结构是否偏离，提出了一国或地区标准产业结构（劳动力就业结构、贸易结构、生产结构、投资结构）的标准数值。即根据人均GNP（gross national product）100~1000美元发展区间，按照工业化的成长顺序，将工业经济规划为初级产品生产阶段、工业化阶段和发达经济阶段这三个阶段，证明从初期阶段向发达阶段的演进需要通过产业结构的变动来推进。他的研究为发展中国家在工业化进程中，产业结构调整如何促进就业提供参考。

2.2.2.4 罗斯托的主导产业扩散论

罗斯托（Rostow）的主导产业扩散论和经济成长阶段论是一个开创性的贡献，在其《主导部门和起飞》一书中提出了产业扩散论和经济成长阶段论，为主导产业的研究奠定了基础。主导产业扩散论认为，经济增长不完全是经济总量的增长，主要产业部门的快速扩大是经济持续增长的重要理由，因为少数主要产业可以通过后发影响、副作用、前进效果来推动其他产业部门的发展，促进社会经济整体的增长。根据经济发展科技和生产力的不同发展水平，罗斯托将经济增长过程分为六个阶段，分别为传统社会、突破传统、前进、急速前进、成熟和追求生活质量。在经济从底阶段向高阶段上升的过程中，生产率水平不断提高，现代科学技术逐渐渗透到各种经济领域，产业向着多样化发展，而且主要的产业部门将转移到耐用消费品制造和服务部门。

2.2.2.5 马克思生产与分配结构相互关系原理

马克思关于生产结构与分配结构相互关系的原理为公共支出促进产业结构升级提供了基本理论依据。马克思在其著作《资本论》第三卷中指出："生产过程包括制造的分配和不同工种之间的特征分配，特别是工件和维修产品的分

---

① 第一，随着人均收入提高，消费者需求发生结构变化，基本食品需求比例下降，制造业产品需求比例上升。第二，资本积累速度超过劳动力增长速度。第三，各产业都存在技术进步。第四，存在对外贸易和外资投入。

配。分销结构完全取决于产品结构，如果分销是一种产品，不仅是以实物的形式，而且是以生产的形式。如果是这样的话，则应以分销形式和参与形式确定。"将这一原理运用到公共支出与产业结构的关系上，我们可以得出以下结论。

公共支出结构对产业结构的升级起决定作用。生产工具与社会成员在各类生产领域上的分配，实际是指市场资源与劳动力资源在不同产业类别中的分配。不同的公共支出结构往往可以优化产业结构，使市场资源和劳动力资源在各个产业间形成最优配置。公共支出政策的实施目的是为市场经济的发展和改善提供市场经济发展所必需的生产条件，这里的条件代指能够使生产物质产品的产业结构改善的外部条件。公共产品具有非排他性和非竞争性，国家通过公共支出提供和改善公共产品的生产条件。当政府实行鼓励某产业发展的政策时，增加公共支出，不仅在该产业上的投入多了，还能吸引更多的社会资本投入其中。综上所述，马克思关于生产结构与分配结构相互关系的原理为公共支出对产业升级的影响提供了基本理论依据。

2.2.3　产业结构升级的内涵

已有研究表明，产业升级的内涵可以分为宏观层面和中观层面的产业升级。宏观层面的产业升级指的是三次产业间的结构升级。配第（1899）分析了三次产业结构的变化，当人均收入不断增加时，第一产业的就业人口会逐渐向第二、第三产业转移。哈夫曼（Huffman，1931）将工业分为消费工业部门和资本工业部门，并得出消费工业部门与资本工业部门的比值逐渐下降这一结论。库兹涅茨（1971）研究发现，当国家经济发展水平提高时，居民收入在第一产业比重下降，在第二产业的比重上升，在第三产业占比趋于稳定。并且他发现，当国家经济发展水平提高时，资源会从效率低的产业转向效率高的产业，以达到产业结构升级。切纳里（1975）以人均地区生产总值为标准，将工业化分为前工业化、现工业化和后工业化三个阶段。其中，现工业化分为初期、中期和后期三个阶段，并提出了不同工业化阶段的行业演进模式。

中观层面的产业升级是指产业内部劳动密集型产业向资本密集型产业转变的过程。转变的过程中技术创新能力、加工制造能力的提高都包含其中。

杰雷菲（Gereffi，1999）提出，工业制造业的转型升级是通过技术创新能力的提高，从而提高工业制造业的附加值，进而产业从低利润向高利润、低附加值向高附加值、劳动密集型向技术密集型的转型升级。潘（Poon，2004）从产业价值链升级的角度提出，制造业的劳动密集型产品处于价值链低端，资本或者技术密集型产品处于价值链高端，劳动密集型产品向资本或技术密集型产品升级的过程即为产业升级的过程，即实现价值链高端环节的提升。朱卫平和陈林（2011）从生产要素的角度提出，土地和劳动等比较低端的生产要素向需要技术的高端生产要素的转变为产业升级的过程。张志永（2012）也认为，产业转型升级是技术推动的动态演进过程，这一过程伴随着工业产业低加工化向高加工化的转变、低水平向高水平的转变、低附加值向高附加值的转变。

由此可见，无论是从产业结构之间的转型，还是从产业价值链的转变，都意味着产业由低端劳动密集型产业向高端资本与技术密集型产业转变的过程。因此，本书研究的健康产业优化升级为宏观层面，也就是说，从卫生工业部门向卫生服务业部门转型升级、优化升级卫生产业结构的过程，可以加快促进平等和无障碍，实现更高水平的健康。产业结构升级和政府制定的财政政策对产业结构升级也起着重要的调节作用，据中国产业经济研究院网站统计，2018年中国健康产业占GDP比重为8.3%，同期美国的卫生产业占GDP比重为17.7%，而美国的药品市场占比不到15%，中国占比超过50%。纵观我国健康产业的发展，三次产业间的结构性偏差、产业内部结构发展不合理及三次产业间的关联度不够紧密都是亟须解决的问题。因此，加快产业健康结构的优化和完善，对于促进当前国民健康和经济转型的顺利实施具有重要意义。

2.3　全民健康覆盖内涵及理论基础

2.3.1　全民健康覆盖内涵

2015年9月联合国大会提案《2030可持续发展议程》（以下简称《2030

议程》），该议程通过了 17 个可持续发展目标（sustainable development goals，SDG）①，《2030 议程》旨在确保世界发展不仅是可持续的，并且是公平的，确保每个人都能获得包括健康、教育与就业的社会福利。其中，SDG3.8 是实现全民健康覆盖，包括基于对所有人的财务风险保障上，获得优质基本医疗卫生服务以及获得安全、有效、优质且负担得起的基本药物和疫苗。SDG3.8 包含两项内容：SDG3.8.1 为基本卫生服务覆盖（定义为在全体人群和最弱势的人群中基于追踪干预措施的基本医疗卫生服务的平均覆盖，包括生产、孕产妇、新生儿和儿童健康、传染病、非传染性疾病、服务水平和可获得性）；SDG3.8.2 为家庭卫生支出占总家庭支出或收入份额较大的人口比例。这两项可持续发展目标中一项与基本医疗卫生服务有关，一项与发生灾难性卫生支出人口占总人口比例有关。在探讨全民健康覆盖时，两项内容必须同时讨论，以便更清楚地了解无法获得医疗卫生服务或者因为医疗卫生保健支出而面临经济困难人群状况。

2.3.1.1　全民健康覆盖定义

广义的全民健康覆盖意味着"所有居民获得所需的医疗卫生服务，这类卫生服务包括以提高居民健康水平、进行疾病预防（如接种疫苗）、提供充分优质的治疗、康复和姑息治疗（如临终关怀）为目标。以高质量服务、高效率发展为核心，同时确保居民不陷入经济困境而能享受到的卫生服务。因此全民健康覆盖要求基本、高质量的卫生服务以及金融覆盖能够扩大到全部人口"（BANK，2015）。

全民健康覆盖被定义为需要基本医疗卫生服务（预防、治疗、康复、姑息治疗和推广）的所有居民都能得到这些服务，而不会因为不必要的经济困难无法获得。图 2-2 介绍了全民健康覆盖由三个相互关联的部分组成：第一，人人享有医疗卫生服务；第二，根据需要提供全方位的高质量医疗卫生服务；第三，支付时免于直接支付医疗卫生费用的财务保护。医疗卫生服务的获得和覆盖率指标包括与妇幼保健有关的覆盖率指标（如熟练接生和免疫接种）、非

---

① Resolution 70/1. Transforming our world：the 2030 Agenda for Sustainable Development. In：Seventieth session of the United Nations General Assembly，New York，21 October 2015. New York：United Nations；2015（https：//undocs. org/A/RES/70/1，accessed 2 December 2017）.

传染性疾病风险因素（如吸烟）和慢性病的治疗（如糖尿病）。世界银行和世界卫生组织为人口中最贫穷的阶层提出了一项目标：在每个国家人口中最贫穷的40%（最贫穷的两位财富五分位数）中，关键干预措施的覆盖率至少达到80%。财务风险保护的目标是无因病致贫。

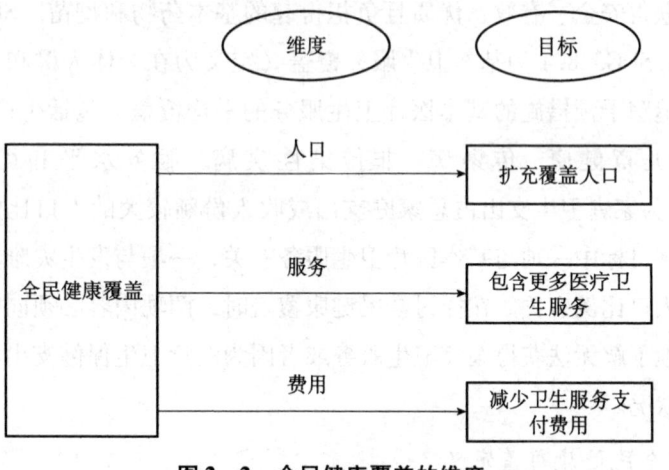

图2-2　全民健康覆盖的维度

2.3.1.2　全民健康覆盖目标

全民健康覆盖的目标是向个人、家庭和社区提供健康保障以及居民获得基本医疗卫生服务的同时而不存在经济困难。其所要解决的问题为，谁被覆盖？什么服务被覆盖？多少费用被覆盖？在上节所介绍的内容扩充覆盖人口，包含更多医疗卫生服务以及减少卫生服务费用则解释了覆盖对象、覆盖内容以及覆盖费用的问题。高质量、可及性和可负担的医疗保健服务是加强全民健康覆盖的核心，如图2-3所示。第一，在全民健康覆盖中，医疗卫生服务质量往往是一个被遗忘的因素，低质量和不安全的医疗卫生服务不仅损害生命健康，还浪费稀缺的医疗卫生资源。获得高质量的医疗卫生服务等同于获得以人为本的、安全的医疗卫生服务。在政策实施过程中，不应在不考虑所提供的医疗卫生服务质量的情况下实施全民健康覆盖，因此，监测医疗卫生服务质量至关重要。第二，医疗卫生服务的技术进步虽然扩大了居民可用卫生服务的可选择范围，但产生的医疗卫生支出会有所增加。卫生服务部门应更加具体地定义全民健康所覆盖的医疗卫生服务内容，而不是简单地扩大人口覆盖率或增加人均医疗卫生费用。因此，政府需要评估如何确定全民健康覆盖中所包含的医疗卫生服务的范围。第三，卫生人员在使人们能够获得医疗卫生服务中发挥关键作用，然而，在不同地区之间，卫生技术人员配置存在着巨大的差异。因此，扩充卫生技术人员配置、提高卫生技术人员水平、增加卫生技术人员就业机会以及确保熟练卫生技术人员到位为医疗卫生服务提供基本保障。第四，居民使用医疗卫生服务不应导致居民面临财政困难，合理的政府卫生筹资政策可降低这一风险，因此居民所承担的卫生支出费用不应过高。因此，建立合理的卫生账户制度为降低居民卫生支出提供支持。

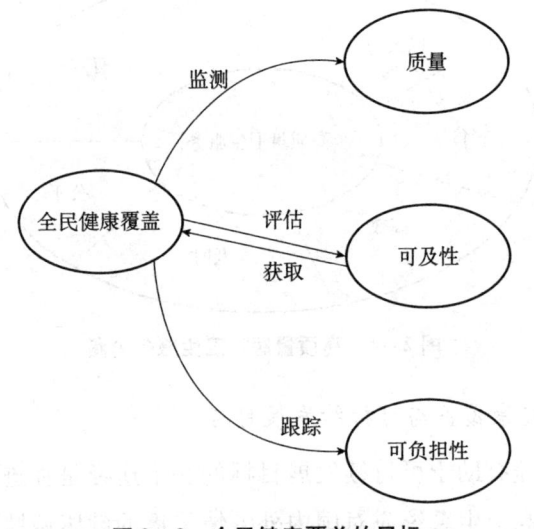

图 2 - 3　全民健康覆盖的目标

保障高质量的全民医疗覆盖能带来显而易见的益处，首先，高质量的医疗卫生服务可以提高健康水平并减少卫生资源浪费，它是高价值、可持续的卫生系统的组成部分；其次，高质量的医疗卫生服务是构建全民参与的、公平的医疗卫生服务的基础；最后，高质量的医疗卫生服务能带来高额的价值。相反，低质量的医疗卫生服务会使现代卫生保健系统目标无法满足，导致居民健康水平下降、加剧疾病恶化、浪费医疗卫生资源和造成不公平的健康差距（OECD，2010）。高质量的医疗卫生服务意味着安全、有效、公平、及时、高效、综合和以人为本的医疗保障（如图 2 - 4 所示）。安全即为减少在提供保健过程中造成的伤害，有效指的是为所有可能受益的居民提供匹配的医疗卫生服务，公平则为居民获得医疗卫生服务的机会平等，及时代表的是医疗卫生服务的可及性，高效意味着医疗卫生服务供给能够产生更多效益，综合代指提供全方位医疗卫生服务，以人为本则是将患者置于提供医疗保健的中心位置。医疗卫生服务质量的测度和全民健康覆盖率度量应该被看作是互补和并行的。简而言之，衡量医疗保健服务质量（或服务绩效）是衡量覆盖面的重要补充。虽然我国在提高医疗卫生服务质量上取得了重大进展，但仍然需要做出更多努力。

图 2-4　高质量医疗卫生服务内涵

2.3.1.3　全民健康覆盖与可持续发展目标

全民健康覆盖有助于可持续发展目标的一个途径是促进全民公共卫生安全，这是通过提高卫生系统应对国内外疫情传播的健康威胁的恢复力来实现的。新冠肺炎疫情的发生促使国际社会认识到国家在长期的卫生紧急状况下将面临的社会经济后果，脆弱的卫生系统加剧了自然灾害的影响。疫情以来所需考虑的卫生系统复原力为医疗卫生改革的一个关键目标，其标志着卫生人员有效应对复杂挑战的能力、卫生系统在应对紧急状况时的反应力。建立一个具有复原力和正常运作的卫生系统是长期可持续的，比起投入大量的卫生资源应用于应急事件更具有成本效益。面对我国人口老龄化加剧、不断健全的卫生保健系统和日益增长的卫生费用，全民健康覆盖应该是一个动态的过程。全民健康覆盖是需要加强现阶段覆盖率以及建立未来可持续发展为目标实施进行。

时任联合国秘书长的潘基文宣布，卫生、就业和经济增长高级别委员会（以下简称"委员会"）于 2016 年 3 月成立，其任务是：提出建议，刺激和指导在卫生和社会部门创造至少 4000 万个新就业机会，并预计到 2030 年，在低收入和中低收入国家减少 1800 万卫生工作者的缺口。委员会看到了一个促进政治承诺并在若干可持续发展目标方面取得进展的重大机会，这些目标包括：可持续发展目标 1 为消除贫困，可持续发展目标 3 为公平健康水平和福利，可持续发展目标 4 为优质教育，可持续发展目标 5 为性别平等，可持续发展目标 8 为体面工作和经济增长。委员会的目标是通过提议请国际社会注意投资于当地和全球卫生人力资源的社会和经济效益，鼓励采取行动，如图 2 - 5 所示。

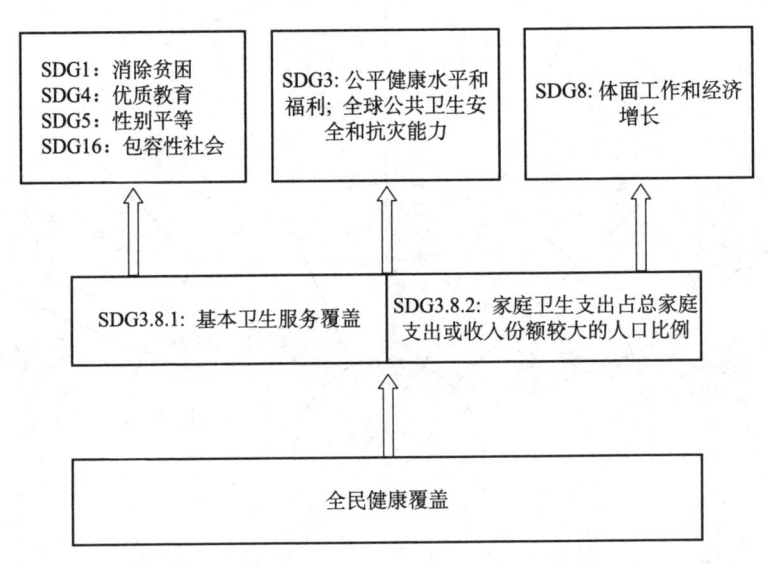

图 2 - 5　全民健康覆盖与可持续发展目标传导机制

资料来源：Kieny M. P. , et al. , 2017.

实现全民健康目标的进展对于实现六个具体的可持续发展目标和全民覆盖至关重要。图 2 - 6 列出了全民健康覆盖发展目标，从图中可以看出，第一，在可持续发展目标 1 消除贫困上，健康水平较高的成年人更容易获得工作而脱离贫困，当医疗保障制度完善而不会出现因病致贫现象时，这有助于此目标的实现。第二，健康状况良好的青少年能够获得更好的教育结果，在确保包容性和公平教育、促进所有人终身学习上都发挥重要作用，这也有助于可持续发展目标 4 优质教育的达成。第三，由于大多数卫生人员，例如护士，女性占比较高，此现象能够为可持续发展目标 5 推进性别平等提供支持。第四，发展建立公平、可信和反应迅速的社会卫生系统，有助于实现可持续发展目标 16 促进包容性社会可持续发展，给每个人提供诉诸司法的机会，为每个人创造有效、有责任感、包容的机构。第五，建立一个具有复原力的卫生系统以支持全民健康覆盖，能够加强我国公共卫生的应急能力，增加成本效益和使更多人获得医疗卫生服务，这为实现可持续发展目标3公平健康水平和福利、全球的公共卫生安全和抗灾能力提供保障。第六，对卫生部门的投资以支持全民健康保险，将有助于可持续发展目标。

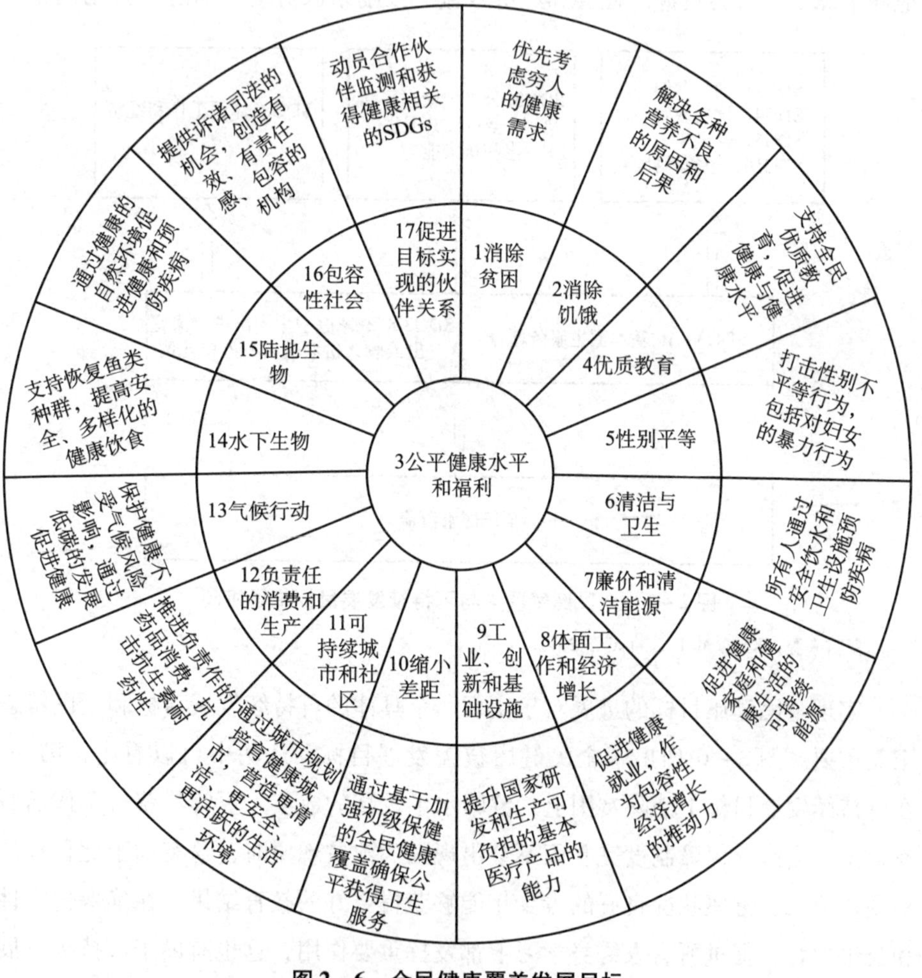

图 2-6　全民健康覆盖发展目标

资料来源：整理自 WHO，2019.

2.3.2　政府卫生支出对全民健康覆盖影响的理论分析

2.3.2.1　公共服务理论

全民健康覆盖意味着所有人获得所需的医疗卫生服务，同时确保居民不陷入经济困境而能享受到的卫生服务，这种卫生服务为公共服务。公共服务的逻辑起因是市场失灵现象和公共产品理论。由于市场失灵导致的市场无法提供具有非竞争性和非排他性的纯公共产品，或者提供带有公共产品特质的准公共产品。而公共产品与准公共产品都属于社会共同需要，应由政府提供。1954 年，美国经济学家萨缪尔森首先明确提出公共产品的概念，他将公共产品定义为"每个人对于此物品的消费不会减少他人对于该产品的消费"，这一理论发表于《公共支出的纯理论》中。在传统的公共服务理论中，公共服务视为政府的责任，政府公共支出的决策主要来自社会对公共服务的需求。20 世纪 50 年代，有研究学者提出，公共服务的供应和生产环节理论上应该分开。越来越多的学者同意政府承担提供公共服务的职责，而不承担生产的责任这一观点。

新公共服务理论则是，公民服务和向公民放权的职责应由公共行政官员担任，以帮助公民实现他们的共同利益。新公共服务理论为我国全民健康覆盖供给和制度改革提供了一种全新的理论和思路，新公共服务理论强调在推进全民健康覆盖过程中要注意三点：一是要在全民健康覆盖过程中从居民的根本利益出发，注重考虑群众尤其是社会弱势群体的利益需求，保障其不陷入经济困境；二是要推动公民，特别是弱势群体积极参与公共决策，充分了解他们的需求，构建成熟的需求表达机制；三是明确政府在全民健康覆盖中的供给责任，并在此基础上引入市场和社会供给机制，以防出现公共服务失灵现象。新公共服务理论把公共行政在治理系统中所扮演的角色变为以公民为中心，主张基于民主权、公民权和以公共利益为主的新公共服务模式。

2.3.2.2　区域协调发展理论

在卫生资源有限时，区域协调发展理论就是在有限的区域空间内优化资源配置。我国的城乡医疗不公平、发达城市与不发达城市医疗卫生服务水平差异大、社区医院与三甲医院医疗服务质量差别明显等现象屡见不鲜。如何解决因卫生资源有限所造成的区域差异，以及无法实现人人享有高质量的医疗卫生服务，是政府应当考虑的问题之一。

在社会发展的过程中，世界各国都以缩小区域发展差距、实现各区域协调稳定发展作为长期可持续奋斗的目标。区域协调发展分为均衡发展和非均衡发展两条路径。区域均衡发展是完全市场竞争机制，生产要素可以自由流动且可替代，这与发展中国家的发展初期情况存在差距，不能作为区域协调发展的参考依据。区域非均衡发展定义为从资源具有稀缺性的角度出发，形成区域空间关联。政府介入优先发展重点地区和重点部门，体现卫生资源要素的空间溢出性，从而带动整个区域的发展。

通过上述理论分析，针对我国国情，我国实现全民健康覆盖，政府应从居民的根本利益出发，注重考虑群众尤其是社会弱势群体的利益需求，保障其不陷入经济困境。充分了解群众尤其是社会弱势群体的需求，构建成熟的需求表达机制，应采用非均衡发展策略，形成区域空间关联，利用卫生资源的空间溢出性带动整个区域的可持续发展。

2.4 本章小结

本章首先探讨了政府卫生支出、健康产业、产业结构升级以及全民健康覆盖的定义与内涵，其次概述了公共财政理论、财政分权理论、资源分配理论、产业结构理论、公共服务理论与区域协调发展理论，提出了研究我国政府卫生支出影响全民健康覆盖的必要性。

保障全民健康覆盖是政府的重要职能之一。政府通过卫生支出提供财政保障的方式或者转移支付的方式保障全民健康覆盖，是全民健康覆盖供给方式的重要创新。政府卫生支出的主要目标是满足社会对于医疗卫生服务的需要，而不是满足某一特定社会阶层或者社会群体的需要。政府卫生支出的本身特性决定了其重要体现在于公共性，推进政府卫生支出体制改革的首要任务是满足所有人都能享受到医疗卫生公共服务。在考虑全民健康覆盖的供给方时，应结合中央政府与地方政府的职能分析，考虑地方政府对于了解本地区居民公共产品和公共服务偏好的天然优势，着重对地方政府卫生支出进行研究。

卫生资源与其他经济资源一样具有稀缺性，在一定的政府卫生支出下，合理配置卫生资源才能有效地满足居民对于公共卫生服务的需求。健康产业的结构升级为高质量的资源配置所需的技术进步提供支持，我国的健康产业发展应成为国民经济支柱性产业，而中国健康产业结构不合理等问题与发达国家依然存在着巨大的差距。健康产业结构优化升级能够带动技术进步，促进全民健康覆盖，同时促进健康公平性与可及性，实现更高水平的健康。

全民健康覆盖为世界发展的共同目标，高质量的全民健康覆盖可以提高健康水平并减少卫生资源浪费。我国为实现高质量的全民健康覆盖，政府应从居民的根本利益出发，注重考虑群众尤其是社会弱势群体的利益需求，保障其不陷入经济困境；充分了解群众尤其是社会弱势群体的需求，构建成熟的需求表达机制；应采用非均衡发展策略，形成区域空间关联，利用卫生资源的空间溢出性带动整个区域的可持续发展。

第3章

政府卫生支出对全民健康覆盖的影响机制研究

确保政府在卫生方面的支出既高效又在财政上可持续是一项具有挑战性的任务，收入增加和医疗技术进步提高了人们对卫生系统能够实现的目标的期望。人口老龄化和生活方式的变化影响到发病率的模式，从而影响到卫生支出费用。生产力的提高虽然是可以实现的，但由于保健服务的劳动密集性而更具挑战性。这些因素叠加在一起，对卫生支出造成了强大的上行压力，从而对卫生预算造成了上行压力。各国政府依然关心如何消除在卫生方面无效或浪费的支出，并使资金的价值最大化。卫生保健支出在公共预算中占很大比例，事实上，在过去20年的大部分时间里，医疗支出的增长速度通常都超过了经济增长速度。这种支出压力是各国政府的财政担忧，因为在大多数OECD国家，医疗保健支出主要由公共资金提供。此外，最新的OECD国家估计，如果卫生支出的成本得不到充分控制，到2030年，卫生支出将达到GDP的11.3%。然而，OECD国家的大多数预算人员认为，在卫生领域实现储蓄比在其他政府支出方面更困难，而且他们只有直接的工具来实现效率提高（完整的调查结果可在《卫生系统的财政可持续性：衔接卫生和金融视角》中获得）。与此同时，卫生支出大大改善了人口的健康状况，它也是经济增长和就业的重要来源。各国政府在使卫生系统变得更加以人为本方面取得了重大进展，制定了提供服务的新方法。筹资机制可以帮助促进这种转变，并衡量新的治疗途径是否具有成本效益。

为深入探讨我国政府卫生支出对全民健康覆盖的直接影响，以及基于健康产业升级中介效应的间接影响，本章首先对政府卫生支出对全民健康覆盖的直接影响机理进行研究，其次通过构建社会福利函数探讨政府卫生支出对全民健康覆盖的直接作用机制，最后讨论政府卫生支出对全民健康覆盖的间接影响机理。通过构建健康产业结构升级函数与建立政府卫生支出对全民健康覆盖总效应框架，深入探讨政府卫生支出对全民健康覆盖基于健康产业结构升级的中介效应的间接影响。

3.1　政府卫生支出对全民健康覆盖的直接效应

3.1.1　政府卫生支出对全民健康覆盖的直接影响机理

政府卫生支出最直接的目标之一是投入于公共服务当中。政府卫生支出影响全民健康覆盖的作用机制可以从卫生筹资、分配角度来分析。在卫生筹资阶段，我国政府通过税收等形式进行筹资，之后分配到卫生部门，形成政府卫生支出。在分配阶段，政府卫生支出分为医疗卫生服务支出、医疗卫生保障支出、行政管理支出和计划生育支出，其中医疗卫生服务支出与医疗卫生保障支出占比80%以上。政府增加对卫生部门的投入，必然导致其提供的公共服务增加，那么居民能够享受到的公共服务就会增加，会影响全民健康覆盖。当政府以行政管理支出等形式补助医院等各种医疗卫生机构时，这些机构同样会开展公共卫生和医疗卫生服务，同样对全民健康覆盖产生影响。当政府卫生支出以城镇职工医疗保险、城乡居民医疗保险的形式直接补贴给居民，用于保障医疗卫生服务，降低居民就医的经济负担，也可以促进全民健康覆盖的发展。

一般而言，政府卫生支出对公共服务产生影响的机理可以分为五类，如图3-1所示。

一是通过改善居民健康水平，既能提高居民的总收入增长，又能改善劳动力供应，从而对全民健康覆盖面的提高产生积极影响。

二是通过直接提供基本公共卫生服务以及政府在卫生部门的投入，改善医疗卫生资源的配置。政府在医疗机构的投入能够通过影响医疗卫生机构数、卫生人员数、医疗卫生病床数以优化卫生资源配置。当个体利用政府提供的更

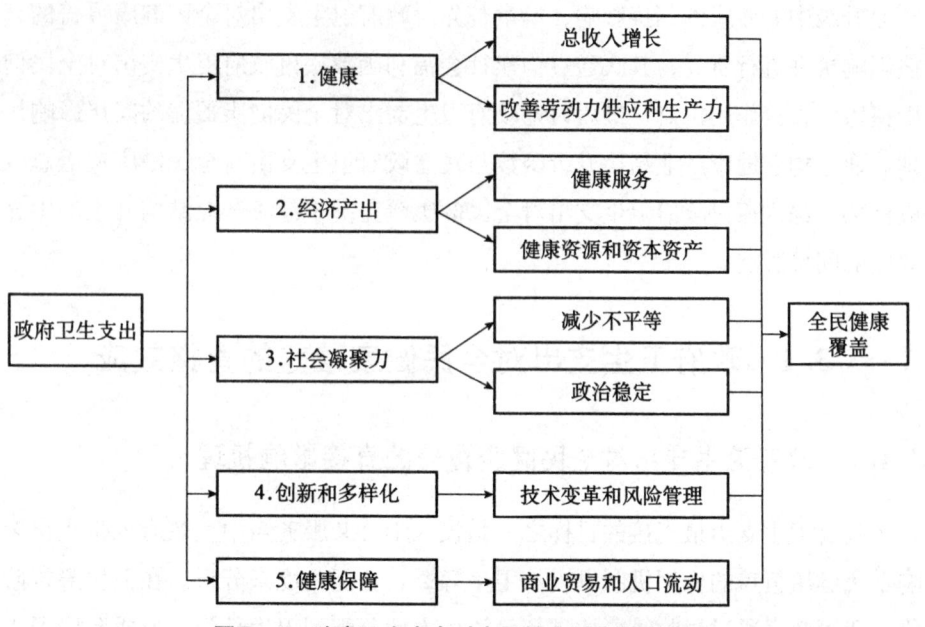

图 3 - 1　政府卫生支出对全民健康覆盖影响机理

多的公共卫生服务与更优化的卫生资源配置时，意味着全民健康覆盖得到改善。

三是提供社会保护并提高社会凝聚力，减少社会的不平等现象，促进全民健康覆盖发展。

四是通过对医疗卫生机构的补贴，更新高技术水平的医疗卫生器械，让医院在治疗的过程中形成技术进步，改善健康治疗情况，从而为全民健康覆盖提供支持。

五是通过转移支付的方式，如提供社会保障支出、财政补贴等福利性支出，直接影响个体享受到一定额度的财政补贴，减轻居民尤其是低收入人群的经济负担，进而促进全民健康覆盖。

3.1.2　政府卫生支出对全民健康覆盖的直接作用机制

政府卫生支出对全民健康覆盖的直接作用，是指政府可以提高社会卫生的整体水平。换句话说，政府通过分配合理的资源来谋求社会保障的最大化，也就是全民健康覆盖。政府出于保障和提高社会成员的社会福利水平的目的而提供公共产品，因此，全民健康覆盖作为社会福利，它的变动会受到公共产品提供的直接影响，不同水平的公共产品会直接导致全民健康覆盖的差异。本节将构建社会福利函数，讨论政府卫生支出对全民健康覆盖的直接作用机制。

首先，作出以下假设：第一，假设社会提供私人产品（V）与公共产品（P）两类产品，个人效用由所享有的私人产品与公共产品同时决定。即 $u_i = u(V_i, P_i)$，其中 V_i 表示第 i 个消费者所消费的私人产品，P_i 为第 i 个消费者消费的公共产品。第二，假设社会福利由私人福利所决定，即 $W = W(u_1, u_2, \cdots, u_n)$。第三，忽略价格因素与社会偏好。第四，假设政府追求社会福利最大化。

其次，构建社会福利函数并进行推导。由于公共产品具有非竞争性等特殊属性，意味着所有人都能非竞争享用。即 $u_i = u(V_i, P_i)$ 可以转化为 $u_i = u(V_i, P)$，因此，社会福利函数可以表示如下：

$$W = W(u_1, u_2, \cdots, u_n)$$
$$= W(u(V_1, P), u(V_2, P), \cdots, u(V_n, P)) \tag{3-1}$$

最后，对上述社会福利与公共产品之间关系进行推导。由于私人产品消费由居民消费决定，公共产品由政府供给决定，因此可以构建如下生产函数：

$$W = F(f(c_i), G) \tag{3-2}$$

对式（3-2）进行全微分求导，得到：

$$dW = \frac{\partial F}{f(c_i)}df(c_i) + \frac{\partial F}{\partial G}dG, \quad \frac{\partial F}{f(c_i)} > 0 \tag{3-3}$$

从式（3-3）可以看出 $\frac{\partial F}{\partial G} > 0$，说明公共社会产品供给对社会福利会产生直接影响。政府卫生支出作为政府提供的公共产品，而全民健康覆盖作为社会福利，那么政府卫生支出必然会对全民健康覆盖产生直接影响。通常来说，在政府卫生支出共计不超过临界点也就是在挤入或挤出效应之前，政府卫生支出供给越多，全民健康覆盖水平越高，反之，政府卫生支出供给越少，全民健康覆盖水平越低。

3.2　政府卫生支出对全民健康覆盖的间接效应

3.2.1　政府卫生支出对全民健康覆盖的间接影响机理

本书认为，政府卫生支出对全民健康覆盖的影响不仅应该从直接影响角度来看，也可以从通过促进健康产业结构升级从而产生间接影响的角度来分析。政府卫生支出在直接影响全民健康覆盖的同时，其对健康产业的影响也是显著的，而健康产业结构升级同样也会对全民健康覆盖产生影响。同理，本书认为健康产业结构升级对全民健康覆盖的影响从以下四类中展开：一是当政府卫生支出对健康产业结构升级产生影响时，健康产业结构升级意味着健康服务业得到发展。健康服务业的发展能够提供更多的公共卫生服务，如孕产妇检查、住院生产等医疗卫生服务，促进基本公共卫生服务转型，从而促进全民健康覆盖的发展。二是健康产业结构升级推动技术进步，健康产业结构升级意味着新兴生产的出现和落后生产的淘汰，意味着产业结构呈现"高技术化"。健康产业的发展能够带动医疗卫生部门的技术进步，从而影响全民健康覆盖。三是健康产业结构升级会吸引更多的投资行为，从而为社会医疗保障提供更多的资源，影响全民健康覆盖。四是健康产业结构升级意味着医疗卫生资源会进行重新配置，处在产业链低端的医疗机构、低水平的医疗卫生人员都会被更高级的医疗机构以及高水平的医疗卫生人员所替代，从而提供更优质的医疗卫生服务，实现全民健康覆盖。

3.2.2　政府卫生支出对健康产业结构升级影响机制

政府卫生支出作为财政支出中公共支出的一部分，以降低居民医疗费、降低居民卫生服务费用为目的的转移支出，提高居民的实际购买力，有助于提高居民健康水平，提高产业发展所需的因素，从而提高人口体质、恢复个人健康、短期和长期融合劳动力在产业结构的优化和改善中发挥着重要的作用，从而导致产业结构优化升级（殷李松等，2018）。因而研究政府卫生支出对健康产业结构升级的影响具有重要意义。

财政支出政策通过各种支出项目和规模，积极鼓励和引导产业向高水平发展，影响企业投资和生产行为，对产业结构升级产生助推作用。财政支出政策是重要手段，通过经济手段平衡市场，合理分配和转移各行业的生产要素。本节分析以马加里塔·杜阿尔特（Magarita Duarte）、迭戈·雷图奇（Diego Retucci，2010）和张权（2018）为基础，构建了公共支出部门的产业结构升级模型，分析政府卫生支出变化对不同健康产业间及其机制的影响。

假设整个经济体是由一个政府和三个健康产业部门构成：健康农业、健康工业和健康服务业。政府通过财政政策影响产业经济结构的变化，健康农业部门主要从事农产品的生产，健康工业部门主要从事医药制造，健康服务业部门以健康服务为主，由生产型和非生产型两部分构成。[①] 假定政府卫生支出同时作用于生产型和非生产型服务，劳动（L）不变，不考虑劳动弹性。

3.2.2.1　厂家

本节引用柯布—道格拉斯生产函数：

$$Y_i = A_i K_i^{\alpha_i} L_i (G)^{\beta_i} \tag{3-4}$$

其中，Y_i 为各产业产出，$i = 1，2，3$ 分别代表健康农业、健康生产型服务业、健康非生产型服务业；A_i 表示各产业技术水平；$K_i^{\alpha_i}$ 表示各产业资本存量，其中 α 为资本存量弹性系数；L_i 表示各产业劳动力水平；G 为政府卫生支出，β 为各产业的产出弹性。

假定农产品价格为 1，生产型服务产品相对于农产品价格为 P_1，非生产型服务产品相对于农产品价格为 P_2，w 为各产业部门劳动者报酬。假设劳动力自由流动，那么劳动者报酬 w 在各行业是相等的。政府卫生支出不在健康农业中投入，则健康农业、健康生产型服务业和健康非生产型服务业的目标函数分别为：

$$\max_{L_1 \geq 0} \{A_1 K_1^{\alpha_1} L_1 - W Z_1\} \tag{3-5}$$

$$\max_{L_2 \geq 0} \{P_2 A_2 K_2^{\alpha_2} L_2 (G)^{\beta_2} - W L_2\} \tag{3-6}$$

$$\max_{L_3 \geq 0} \{P_3 A_3 K_3^{\alpha_3} L_3 (G)^{\beta_3} - W L_3\} \tag{3-7}$$

对目标函数最优化求解可得：

---

① 健康生产型服务业包括健康信息服务、健康金融服务等；健康非生产型服务业包括健康医疗保障服务、健康文化业、健康旅游业等。

$$A_1 K_1^{\alpha_1} = P_2 A_2 K_2^{\alpha_2} (G)^{\beta_2} = P_3 A_3 K_3^{\alpha_3} (G)^{\beta_3} = W \qquad (3-8)$$

3.2.2.2 家庭

假定家庭消费健康农林产品、健康生产型服务业产品，健康非生产型服务业产品的价格分别为C_1，C_2，C_3。由于政府提供的公共医疗服务与健康生产型服务业和非生产型服务业产品具有互补性，本节定义a_2为公共医疗服务与健康生产型服务产品互补程度参数，a_3为公共医疗服务与健康非生产型服务产品互补程度参数，目标函数为：

$$\max_{C_1 \geqslant 0} \{ \ln (C_1) + a_2 (\theta G) \ln (C_2) + a_3 (G) \ln (C_3) \} \qquad (3-9)$$

其中，家庭资金预算约束方程为：

$$C_1 + P_2 C_2 + P_3 C_3 = W L_1 + W L_2 + W L_3 \qquad (3-10)$$

家庭将选择最优产品实现消费福利最大化，通过构建拉格朗日函数：

$$H = \{ \ln (C_1) + a_2 (G) \ln (C_2) + a_3 (G) \ln (C_3) \} \qquad (3-11)$$
$$+ \lambda [W L_1 + W L_2 + W L_3 - (C_1 + P_2 C_2 + P_3 C_3)]$$

求解最优化方程得：

$$P_2 = a_2 (G) \frac{C_1}{C_2} \qquad (3-12)$$

$$P_3 = a_3 (G) \frac{C_1}{C_3} \qquad (3-13)$$

3.2.2.3 模型求解

将式（3-12）、式（3-13）代入式（3-8）得到：

$$A_1 K_1^{\alpha_1} = a_2 (G) \frac{C_1}{C_2} A_2 K_2^{\alpha_2} (G)^{\beta_2} = a_3 (G) \frac{C_1}{C_3} A_3 K_3^{\alpha_3} (G)^{\beta_3} \qquad (3-14)$$

假定用λ_i表示健康农产品，健康生产型服务业，健康非生产型服务业的消费比重，则：

$$C_1 = \lambda_1 Y_1, \ C_2 = \lambda_2 Y_2, \ C_3 = \lambda_3 Y_3 \qquad (3-15)$$

代入式（3-14）可得：

$$A_1 K_1^{\alpha_1} = a_2 (G) \frac{\lambda_1 Y_1}{\lambda_2 Y_2} A_2 K_2^{\alpha_2} (G)^{\beta_2}$$
$$\qquad (3-16)$$

$$= a_3 (G) \frac{\lambda_1 Y_1}{\lambda_3 Y_3} A_3 K_3^{\alpha_3} (G)^{\beta_3}$$

由于劳动力市场均衡，满足 $L_1 + L_2 + L_3 = 1$ ，将式（3.4）代入可得：

$$\frac{Y_1}{A_1 K_1^{\alpha_1} L_1} + \frac{Y_2}{A_2 K_2^{\alpha_2} L_2 \ (G)^{\beta_2}} + \frac{Y_3}{A_3 K_3^{\alpha_3} L_3 \ (G)^{\beta_3}} = 1 \qquad (3-17)$$

联立可得：

$$Y_1 = \frac{A \ K_1^{\alpha_1}}{1 + G \left(a_2 \dfrac{\lambda_1}{\lambda_2} + a_3 \dfrac{\lambda_1}{\lambda_3} \right)} \qquad (3-18)$$

$$Y_2 = \frac{a_2 \dfrac{\lambda_1}{\lambda_2} A_2 K_2^{\alpha_2} \ (G)^{\beta_2+1}}{1 + G \left(a_2 \dfrac{\lambda_1}{\lambda_2} + a_3 \dfrac{\lambda_1}{\lambda_3} \right)} \qquad (3-19)$$

$$Y_3 = \frac{a_3 \dfrac{\lambda_1}{\lambda_3} A_3 K_3^{\alpha_3} \ (G)^{\beta_3+1}}{1 + G \left(a_2 \dfrac{\lambda_1}{\lambda_2} + a_3 \dfrac{\lambda_1}{\lambda_3} \right)} \qquad (3-20)$$

对政府卫生支出规模求解可得：

$$\frac{\partial Y_1}{\partial G} = \frac{- A_1 K_1^{\alpha_1} \left(a_2 \dfrac{\lambda_1}{\lambda_2} + a_3 \dfrac{\lambda_1}{\lambda_3} \right)}{\left[1 + G \left(a_2 \dfrac{\lambda_1}{\lambda_2} + a_3 \dfrac{\lambda_1}{\lambda_3} \right) \right]^2} \qquad (3-21)$$

$$\frac{\partial Y_2}{\partial G} = \frac{a_2 \dfrac{\lambda_1}{\lambda_2} A_2 K_2^{\alpha_2} \ (G)^{\beta_2+1} \left[\dfrac{\beta_2+1}{G} + \beta_2 \left(a_2 \dfrac{\lambda_1}{\lambda_2} + a_3 \dfrac{\lambda_1}{\lambda_3} \right) \right]}{\left[1 + G \left(a_2 \dfrac{\lambda_1}{\lambda_2} + a_3 \dfrac{\lambda_1}{\lambda_3} \right) \right]^2} \qquad (3-22)$$

$$\frac{\partial Y_3}{\partial G} = \frac{a_3 \dfrac{\lambda_1}{\lambda_3} A_3 K_3^{\alpha_3} \ (G)^{\beta_3+1} \left[\dfrac{\beta_3+1}{G} + \beta_3 \left(a_2 \dfrac{\lambda_1}{\lambda_2} + a_3 \dfrac{\lambda_1}{\lambda_3} \right) \right]}{\left[1 + G \left(a_2 \dfrac{\lambda_1}{\lambda_2} + a_3 \dfrac{\lambda_1}{\lambda_3} \right) \right]^2} \qquad (3-23)$$

由式（3-21）～式（3-23）可得，$\dfrac{\partial Y_1}{\partial G}$ 为负，$\dfrac{\partial Y_2}{\partial G}$、$\dfrac{\partial Y_3}{\partial G}$ 为正，说明随着政府卫生支出的提高，健康产业产出由健康农业部门转向健康生产型服务业和非生产型服务业，形成产业结构优化升级。

3.2.3 政府卫生支出对全民健康覆盖间接影响机制

为满足可持续发展目标和全民健康覆盖对人口的需求，需要尽可能充分利用有限资源，并通过在各级采用和实施适合国家卫生系统背景的卫生财政政策，确保战略性地利用这些资源。如图3-2所示，政府卫生支出通过直接效应和间接效应对全民健康覆盖产生影响的路径如下。

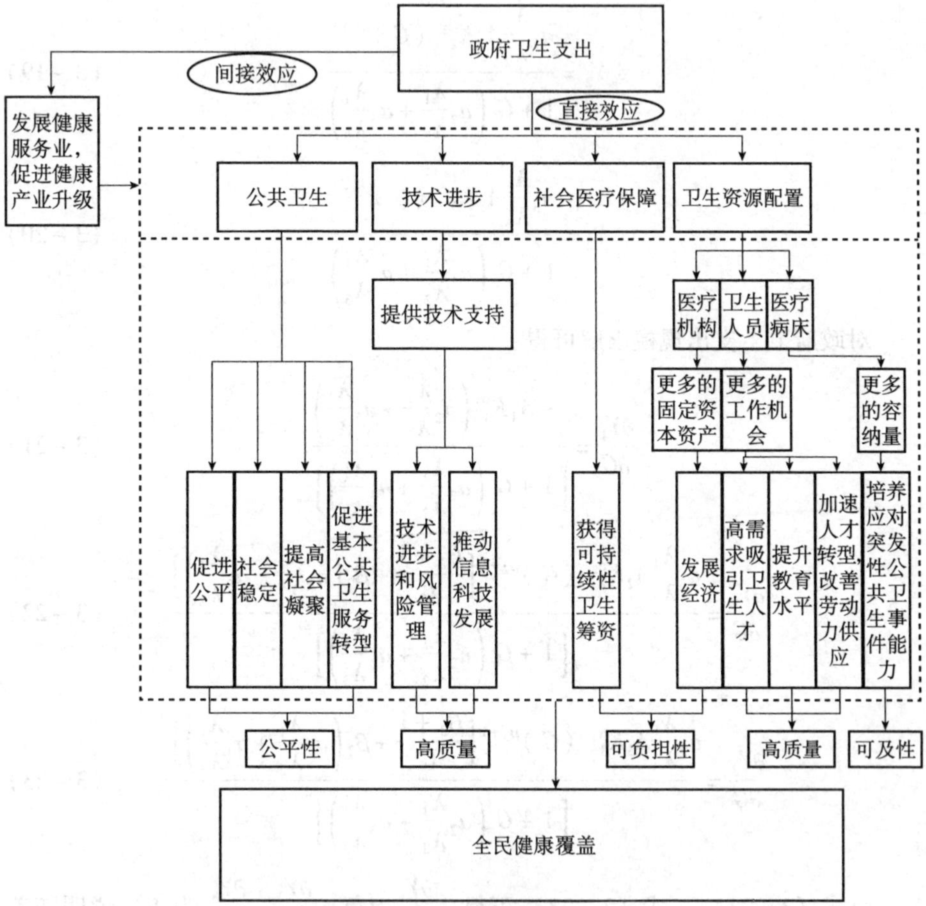

图 3-2 政府卫生支出对全民健康覆盖的直接效应与间接效应

政府卫生支出通过直接效应和健康产业结构升级为中介的间接效应影响公共卫生服务、技术进步、社会医疗保障以及卫生资源分配等变量，以实现全民健康覆盖的公平、高质量、可负担以及可及性。大量研究证明，居民所享受到的公共服务增加不仅能够直接影响全民健康覆盖，而且还将促进社会公平、维持社会稳定、提高社会凝聚力与促进基本公共服务转型，这为全民健康覆盖发展目标中的公平性提供了发展依据。政府卫生支出通过促进健康产业结构升级，从而提供更多的公共卫生服务，以达到促进全民健康覆盖的目的。政府卫生支出不仅可以通过直接影响技术进步为全面健康覆盖服务提供技术支持，也可以通过促进健康产业升级带动技术进步，从而加强技术进步和风险管理，以推动信息科技发展为途径实现高质量的全民健康覆盖目标。政府卫生支出用于社会医疗保障支出的部分能够让居民获得可持续性的卫生支出，减少自付医疗费用，免于居民遭受经济困难，从而影响全民健康覆盖。政府卫生支出对卫生资源配置的作用中，投入于医疗机构的建设、卫生人力资源的配置、卫生床位数的容量中。若医疗卫生机构增加，则意味着会增加更多的固定资产，对经济发展有着重要作用。若需要满足医疗卫生人员增加，则需要提升教育水平并吸引高技术卫生人才，加速人才转型，改善劳动力供给，从而改善全民健康覆盖。政府投入于卫生部门的资金在改善卫生资源配置时，更多的医疗卫生病床意味着更多的容纳量，当发生突然性公共卫生事件时，能够有更好的应急能力，对全民健康覆盖产生影响。

卫生部门是一个重要的经济部门，也是创造就业机会的部门。世界卫生部门创造的经济总规模每年超过5.8万亿美元。2000～2014年，OECD国家的卫生和社会工作领域的就业增长了48%。居民对卫生服务的需求将继续增加，这会创造数以百万计的新就业机会。在生育率高的国家，降低儿童死亡率可能对家庭计划生育的决定产生积极影响，这有助于加快人口转型及其相关的经济效益。21世纪卫生人力结构改革应侧重于减少垄断扭曲，特别是在药品和医疗保险市场，垄断扭曲是造成卫生部门生产率低下的原因之一。为此，必须通过调整激励措施、政策和改革来补充公共投资，以吸引和扩大私营营利性、非营利性和社会企业部门的共同投资，减小垄断的可能性。因此，我们鼓励采取行动，提高卫生部门的吸收能力，提高资源使用效率，建立有效的监管框架和标准，并确保良好治理、强有力的机构和利益攸关方的参与。这些为卫生人力结构改革奠定了基本条件，并将吸引其他来源的资金，详情见图3-3。

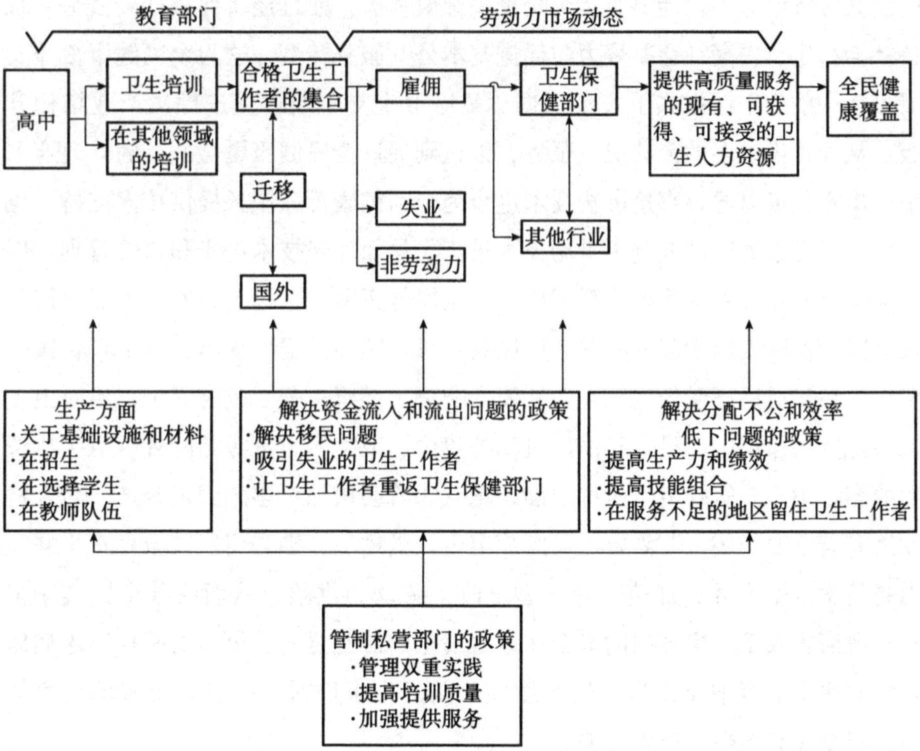

图 3 - 3 卫生人力资源影响全民健康覆盖路径

3.3 本章小结

全民健康覆盖的发展需要政府在卫生方面的支出既高效又可持续。研究政府卫生支出对全民健康覆盖的影响机制，可以帮助深入探讨政府卫生支出的影响效应。首先，本章通过构建政府卫生支出对全民健康覆盖直接影响框架，得出政府卫生支出分别通过提高健康水平、提升经济产出、提高社会凝聚力、加强创新和多样化以及提供健康保障对全民健康覆盖产生直接影响。其次，本章构建社会福利函数，通过求解得到政府卫生支出越多全民健康覆盖水平越高的结论。

本章接着探讨了政府卫生支出对全民健康覆盖的间接影响效应。健康产业结构升级作为中介因素，研究政府卫生支出对其的影响能有助于了解影响路径。本章通过构建健康产业结构升级函数，得出随着政府卫生支出的提高，健康产业产出由健康农林业部门转向健康生产型服务业和非生产型服务业，形成产业结构优化升级这一结论。

最后通过构建政府卫生支出对全民健康覆盖的总效应框架，分析政府卫生支出通过直接效应和基于健康产业结构升级的中介效应影响公共卫生服务、技术进步、社会医疗保障以及卫生资源分配等变量，以实现全民健康覆盖的公平、高质量、可负担以及可及性。

第4章

我国全民健康覆盖统计测度及预测分析

前面探讨的我国政府卫生支出对全民健康覆盖的直接与间接影响机理表明，政府卫生支出会对全民健康覆盖产生直接和间接影响。本章将继续探讨我国全民健康覆盖的时空特征。首先，构建我国全民健康覆盖综合指标体系；其次，对全民健康覆盖的发展现状进行统计测度，并通过马尔科夫链探讨其时间演变；最后，运用贝叶斯线性回归模型对其发展趋势进行预测分析。

4.1 我国全民健康覆盖综合指标体系的构建

4.1.1 构建原则

全民健康覆盖的发展是一个持续的过程，随着居民期望的改变以及技术升级而发生变化。全民健康覆盖服务的目标是那些需要促进性、治疗性、预防性、康复性健康服务的人们得其所与，并且能够接受优质的健康卫生服务以保障未来的健康需求。全民健康覆盖指数是根据基本服务覆盖指标计算的综合指标，它要求有效的健康服务覆盖率。

过去十余年，中国已经实施了基于全民健康覆盖的医疗改革，包括新型农村合作医疗保险制度，2003年的城市职工保险和2007年的新一轮医疗体制改革都全面监控着我国全民健康覆盖的发展，我国首先开启了家庭调查。第一，家庭调查，特别是全国卫生服务调查，定期提供卫生方案和计划的人口、服务和费用覆盖率数据，并用于按地区和人口群体衡量全民健康覆盖的关键指标；第二，我国进行国家卫生账户研究，用于提供卫生筹资的详细信息；第三，建立常规卫生信息系统，包括监测当前卫生系统改革绩效的报告系统。在资助机构或政府当局的支持下，一些学术机构也进行了相关研究。服务覆盖指标包括基本临床服务和选定的公共卫生方案，如免疫接种、结核病管理、高血压管理和清洁饮用水。财务保护覆盖指标包括面向对象的支付、承担巨额灾难性医疗支出的家庭比例，以及健康保险计划的共同支付水平。对中国全民健康覆盖的跟踪有助于决策者评估进展和确定关键挑战。在进展方面，选定的指标显示出积极的趋势，特别是在服务覆盖率方面，一个显著的例子是 2008 年产前保健覆盖率达到95%。过去十余年，住院治疗的使用率也翻了一番。在财务保障方面，扩大预付计划的覆盖范围是中国为人们提供财务保障的一项关键战略，总体贫困率和自付医疗费用付款在总卫生支出中所占比例有所下降。就面临的主要挑战而言，成本上升是一个特别令人担忧的问题，医疗支出每年增长15%。另一个令人担忧的问题是，低收入者的灾难性卫生支出持续上升。

4.1.2　指标选取与说明

在构建全民健康覆盖指数时，选择追踪指标和权重的选择应多样化，最后的结果具有可比性，从而可以由国家主导检测全民健康发展的情况。该指数的发展遵循三项指导原则：第一，与实现有效健康服务覆盖率的措施有关。根据全民健康覆盖的定义，该指标应包括不同类型服务的指标，即预防（包括健康促进和疾病预防）以及治疗指标（包括治疗服务、康复和姑息）。第二，以健康改善为主要目的的措施已经开始设施。第三，指数应涵盖生殖、孕产妇、新生儿和儿童健康、传染病、非传染性疾病和伤害的所有主要健康领域。根据可持续发展指标 3.8.1 的定义，建立了四类指标：儿童健康、传染病、非传染性疾病、服务能力和可获得性。本节构建的全民健康覆盖指标体系见表 4 - 1。

表 4 −1　　　　　　　　　　　全民健康覆盖指标体系

一级指标	二级指标	三级指标	指标名称
全民健康覆盖	健康预防	孕产检查	ACC
		婚前检查	EBM
		使用改善来源饮用水	PID
		使用改善卫生厕所设施	PDS
		妇科检查	GS
	健康治疗	住院生产	DIH
		百日咳发病率	IRWC
		新生儿破伤风发病率	IRTN
		结核病病死率	FRTB
	健康服务	医疗卫生机构密度	HI
		卫生人员密度	HP
		卫生床位密度	BD
	健康金融	城镇职工医疗保险	UHIC

根据全民健康覆盖的构建原则，本节选取以健康预防为主的孕产检查、婚前检查、使用改善来源饮用水、使用改善卫生厕所设施以及妇科检查，以健康治疗为主的住院生产、百日咳发病率、新生儿破伤风发病率以及结核病病死率，以健康服务为主的医疗卫生机构密度、卫生人员密度以及卫生床位密度，以健康金融为主的城镇职工医疗保险等 13 项指标来反映全民健康覆盖情况。健康预防能够有效降低居民患病率，健康治疗反映了有效的健康促进、筛查和治疗方案的成功，健康服务指标表明基本医疗服务的可获得性和可使用性，健康金融反映的是居民抗风险能力，免于遭受因病致贫风险。其中各指标解释如下。

孕前检查：接受早孕检查、至少五次产前检查、新的分娩方法和产后 28 天内回访的孕妇人数除以活产人数（％）。

婚前检查：婚前医学检查次数与结婚人数的比率（％）。

使用改善来源饮用水：农村人口饮用改善型水源比例（％）。

使用改善卫生厕所设施：累计符合农村家庭厕所卫生标准的卫生厕所数量占当地农村家庭总数的比例。卫生厕所的标准是：厕所有墙有顶，厕所坑和化粪池不漏水，厕所干净，无蛆，基本无臭，密封盖住，粪便及时清除，无害化处理（％）。

妇科检查：当年实际接受妇科检查的妇女与 20 ~ 64 岁妇女人数的百分比（％）。

住院生产：在具有助产技术资格的机构中分娩的活产数占所有活产数的百分比（％）。

百日咳发病率：百日咳年发病率（1/10 万）。

新生儿破伤风发病率：新生儿破伤风发病率（1/10 万）。

结核病病死率：结核病病死率（％）。

医疗卫生机构密度：每万人拥有的卫生机构数量。卫生机构是指向社会提供医疗保健、疾病防治、卫生监督或者从事医学研究、医学在职培训的单位。卫生机构分为医院、基层医疗卫生机构、专业医疗卫生机构和其他医疗卫生机构（个/万人）。

卫生人员密度：每 1000 人中卫生保健工作者的比例。卫生技术员包括执业医生、执业助理医生、注册药剂师、检验技师、影像技师、卫生监督员和实习生（人/千人）。

卫生床位密度：每 1000 人的床位数量。床位包括常规的床、简单的床、重症监护床，但不包括新生儿床、接待房间床、等待床位、库存床、临时和额外的床以及病人家属陪同床（张/千人）。

城镇职工医疗保险：城镇职工参加基本医疗保险人数占总人口的比例（％）。

4.2　我国全民健康覆盖的统计测度

4.2.1　数据来源与模型介绍

本节选取了以健康预防、健康治疗、健康服务、健康金融为主的四个维度来反映全民健康覆盖情况，包含 2004 ~ 2018 年全国除港澳台地区外 31 个省（自治区、直辖市）的 13 个追踪指标。所有指标的原始数据来源于《中国卫生健康统计年鉴》等相关资料。表 4 - 2 提供的追踪指标列出了其均值、最大值、最小值、标准差等信息。

表 4 - 2 全民健康覆盖追踪指标描述统计

变量	最大值	最小值	平均值	标准差
孕产检查（ACC）	100.00	27.21	82.30	14.21
婚前检查（EBM）	100.00	0.18	34.21	32.09
使用改善来源饮用水（PID）	100.00	26.61	68.55	18.79
使用改善卫生厕所设施（PDS）	99.80	18.20	64.39	18.72
妇科检查（GS）	165.62	9.70	56.38	26.62
住院生产（DIH）	100.00	26.74	92.71	13.00
百日咳发病率（IRWC）	7.05	0.00	0.37	0.79
新生儿破伤风发病率（IRTN）	10.35	0.00	0.22	0.92
结核病病死率（FRTB）	2.49	0.00	0.32	0.29
医疗卫生机构密度（HI）	21.79	1.24	5.49	3.55
卫生人员密度（HP）	15.46	2.00	5.06	1.92
卫生床位密度（BD）	7.55	1.48	3.96	1.45
城镇职工医疗保险（UHIC）	0.76	0.02	0.18	0.13

资料来源：《中国卫生健康统计年鉴》。

本节选取反映全民健康覆盖的 13 项指标时对指标进行归一化处理，其中孕产检查、婚前检查、使用改善来源饮用水、使用改善卫生厕所设施、妇科检查、住院生产、医疗卫生机构密度、卫生人员密度、卫生床位密度以及城镇职工医疗保险为正向指标，百日咳发病率、新生儿破伤风发病率以及结核病病死率为负向指标。归一化处理公式如下，当为正向指标时运用式（4-1），当为负向指标时运用式（4-2）。

$$X_{正向} = (x - \min(x)) / (\max(x) - \min(x)) \qquad (4-1)$$

$$X_{负向} = (\max(x) - x) / (\max(x) - \min(x)) \qquad (4-2)$$

本节运用马尔科夫链方法描述全民健康覆盖时间演变趋势，具体公式如下所示。

假设随机变量 x_t 的值取自状态空间 $I = \{i_1, i_2, \cdots\}$。当 $x_t = i_t$ 时，表示在时间 t 时，系统处于状态 t_i。对于任意的非负整数 $t \in T$，存在 $X(t) = \{x_t, t = 1, 2, \cdots\}$，其中 x_t 表示系统在时间 t 所处的状态。因此，当其条件概率满足以下公式：

$$P\left\{x_t = i_t \mid x_1 = i_1,\ x_2 = i_2,\ \cdots,\ x_{t-1} = i_{t-1}\right\} = P\left\{x_t = i_t \mid x_{t-1} = i_{t-1}\right\}$$

$$(4-3)$$

此时，则称随机过程 $\{X(t),\ t \in T\}$ 为马尔科夫链。即为马尔科夫链的数学表达模型，表示的是随机过程 $X(t)$ 在时间 t 时的状态 i_t 发生的概率只与前一段时刻 $t-1$ 发生的状态 i_{t-1} 有关，而与 $t-1$ 之前的时刻无关。式中条件概率 $P\{x_t = i_t \mid x_{t-1} = i_{t-1}\}$ 为 $X(t) = \{x_t,\ t = 1,\ 2,\ \cdots\}$ 的一步转移概率，简称转移概率，记为 p_{ij}。相应的，可用一个矩阵表示：

$$P = (p_{ij}) = \begin{pmatrix} p_{00} & p_{01} & \cdots \\ p_{10} & p_{11} & \cdots \\ \cdots & \cdots & \cdots \end{pmatrix}$$

$$(4-4)$$

称 P 为转移概率矩阵，因为在概率矩阵中的每一个元素均为小于 1 的概率值，且每一行元素之和为 1，因此概率转移矩阵具有如下性质：

$$p_{ij} \geqslant 0,\ i,\ j \in s$$

$$(4-5)$$

$$\sum_{j \in S} p_{ij} = 1\ \forall j \in S$$

$$(4-6)$$

4.2.2　指标赋权方法介绍

遵循世界卫生组织全民健康覆盖指数构建框架，本节全民健康覆盖指数由追踪指标的几何平均值构成。首先在四个类别中的每一个类别，使用几何平均值而不是算术平均值，因为这样有利于表现各种服务的同等覆盖水平，而不是以牺牲其他服务为代价来提高一些服务的覆盖率。具体内容见表 4-3。

表 4-3　　　　　　　　　　计算全民健康覆盖指数

变量名称	计算方法	总指数
孕产检查（ACC）	$Prevention = (ACC \cdot EBM \cdot PID \cdot PDS \cdot GS)^{1/5}$	全民健康覆盖指数 = $(Prevention \cdot Treatment \cdot Service \cdot Financial)^{1/4}$
婚前检查（EBM）		
使用改善来源饮用水（PID）		
使用改善卫生厕所设施（PDS）		
妇科检查（GS）		

续表

变量名称	计算方法	总指数
住院生产（DIH）		
百日咳发病率（IRWC）	$Treatment =$	
新生儿破伤风发病率（IRTN）	$(DIH \cdot IRWC \cdot IRTN \cdot FRTB)^{1/4}$	全民健康覆盖指数 =
结核病病死率（FRTB）		$(Prevention \cdot Treatment \cdot$
医疗卫生机构密度（HI）		$Service \cdot Financial)^{1/4}$
卫生人员密度（HP）	$Service =$	
卫生床位密度（BD）	$(HI \cdot HP \cdot BD)^{1/3}$	
城镇职工医疗保险（UHIC）	$Financial = UHIC$	

4.2.3 测度结果分析

全民健康覆盖是我国医疗卫生事业发展水平的体现，此处对我国 2004 ~ 2018 年除港、澳、台地区外 31 个省（自治区、直辖市）全民健康覆盖指数结果进行分析，可以反映我国医疗卫生事业发展状况。具体结果如表 4 - 4 和图 4 - 1 所示。

表 4 - 4　　　2004 ~ 2018 年我国全民健康覆盖水平及其区域分布

年份	全国	东部	中部	东北	西部
2004	0.363	0.426	0.344	0.396	0.303
2005	0.382	0.451	0.351	0.401	0.330
2006	0.394	0.470	0.357	0.410	0.339
2007	0.410	0.494	0.369	0.423	0.350
2008	0.437	0.524	0.399	0.451	0.373
2009	0.475	0.552	0.439	0.491	0.420
2010	0.502	0.574	0.462	0.516	0.452
2011	0.516	0.581	0.474	0.539	0.470
2012	0.531	0.581	0.502	0.557	0.491
2013	0.546	0.598	0.515	0.566	0.509
2014	0.552	0.602	0.522	0.563	0.519
2015	0.564	0.609	0.543	0.572	0.530

续表

年份	全国	东部	中部	东北	西部
2016	0.576	0.620	0.551	0.595	0.541
2017	0.584	0.627	0.562	0.605	0.548
2018	0.590	0.632	0.574	0.606	0.555

资料来源:《中国卫生健康统计年鉴》。

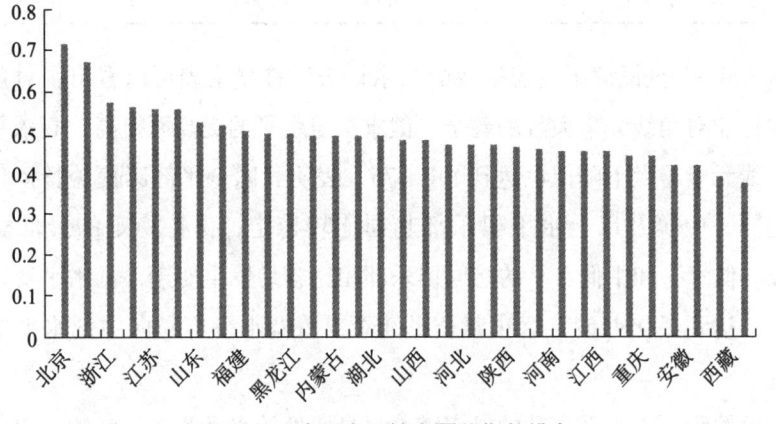

图 4-1 我国全民健康覆盖指数排名

从表 4-4 可以看出,我国全民健康覆盖指数逐年上升。由 2004 年的 0.363 上升至 2008 年的 0.590,增幅 0.227,增长了约 62.5%。这表明我国全民健康覆盖水平提高,医疗卫生服务提供成果显著。其中增幅最大的为 2009 年,增长了约 9%。从表 4-4 中还可以看出我国全民健康覆盖指数的区域分布情况,其中东部地区全民健康覆盖情况最好,东北地区其次,西部地区全民健康覆盖水平最低。中国四大区域全民健康覆盖变化基本一致,保持逐年增长的趋势。

图 4-1 为我国全民健康覆盖指数 2004~2018 年地区排名情况。从图 4-1 中可以看出,我国全民健康覆盖指数排名最高的地区为北京,其次为上海,江苏紧随其后。我国全民健康覆盖指数排名靠后的为重庆、西藏等西部地区。其中水平最高的北京为 0.71,水平最低的西藏仅为 0.38,两地差距显著。

为观察我国全民健康覆盖水平的时间演变,把 2004~2018 年的全民健康覆盖指数从低到高 5 等分划分为 5 个类型,第一类型为低水平,第五类型为高水平,得到全民健康覆盖率马尔科夫转移概率矩阵,如表 4-5 所示。

表4-5 全民健康覆盖指数的马尔科夫转移概率

样本量	类型	低水平	中低水平	中等水平	中高水平	高水平
24	低水平	0.5833	0.4167	0.0000	0.0000	0.0000
116	中低水平	0.0086	0.7586	0.2328	0.0000	0.0000
162	中等水平	0.0000	0.0000	0.8272	0.1728	0.0000
108	中高水平	0.0000	0.0000	0.0463	0.8889	0.0648
24	高水平	0.0000	0.0000	0.0000	0.1250	0.8750

从表4-5全民健康覆盖指数的马尔科夫转移概率表可以看出：对角线上元素均比非对角线元素大且随着全民健康覆盖水平的提高而提高，高水平层次的对角线元素略微下降但也达到了0.875，表明我国全民健康覆盖整体呈现俱乐部趋同，中等及以上水平俱乐部趋同比较稳定，保持稳定的最低概率为0.8272。低水平和中低水平的趋同俱乐部相比容易发生变迁，低水平变迁的概率最大，达到了0.4167，意味着全民健康覆盖低水平容易向中低水平方向转移变迁。

全民健康覆盖水平上升的概率随着自身所处的水平改变，整体有向中高水平逼近的趋势。低水平向上变迁的概率为0.4167；中低水平向下和向上变迁的概率分别为0.0086和0.2328，即中低水平不下降的概率为0.9914；中等水平上升概率为0.1728，水平不向下变迁的概率为0；中高水平向下变迁和向上变迁概率分别为0.0463和0.0643，0.8889的概率保持不变；高水平向下变迁概率为0.1250。可见，整体趋势是向中高水平变迁。

4.3 我国全民健康覆盖的趋势预测

全民健康覆盖（UHC）是全球卫生优先事项，也是可持续发展目标（SDGs）的主要目标之一。全民健康覆盖确保所有公民都能在需要时获得高质量的保健服务，而不存在财政风险。根据可持续发展目标3，世卫组织确定了一套成员国需要在2030年前实现的全民健康覆盖目标，作为其在卫生筹资改革方面取得进展的一部分。因此，预测我国全民健康覆盖的未来发展趋势是有必要的。本节将对全民健康覆盖趋势进行预测，观察其过去及未来发展趋势。

4.3.1 模型选取

我们使用无信息先验的贝叶斯线性回归模型来估计指标随时间的趋势和指标的后验预测分布。贝叶斯线性回归指定了数据的抽样分布，并指定了回归系数的先验分布。时间在每个模型中都是协变量。我们将 y_i 定义为指标的比例的 Logit 转换值，并假设分布情况如下：

$$y_i \sim N\left(\mu_i,\ \sigma_i^2\right) \cdots \text{(i)} \qquad (4-7)$$

其中，条件均值 μ_i 有以下线性形式：

$$\mu_i = \beta_0 + \beta_1 x_i + \cdots \text{(ii)} \qquad (4-8)$$

假设先验分布为 β_0 和 β_1，其中 x_{0i} 是时间，β_0 是截距项，β_1 是回归系数。我们将系数的先验信息规定如下：

$$\beta_0 \sim \text{Normal}\ (0,\ 0.0001)$$

$$\beta_1 \sim \text{Normal}\ (0,\ 0.0001) \qquad (4-9)$$

$$\sigma^2 \sim \text{Normal}\ (0.0001,\ 100)$$

所有的比例在分析之前都进行了 Logit 转换，所有的计算都在 Logit 转换后的变量中完成，然后转换回概率，以确保所有预测和预测的概率都在 0～1 之间。采用马尔科夫链蒙特卡罗（MCMC）算法从两个链的估计参数的后验分布中获取 1000 个样本。对于每个模型，前 5000 次迭代因为老化而被丢弃，迭代次数不断增加，直到诊断为收敛的输出。这些后验预测分布用于获得到 2039 年的预测和可信区间（CrI），它们还被用来计算年度变化率。

4.3.2 实证结果分析

运用贝叶斯线性回归模型对我国全民健康覆盖趋势进行预测。我们利用 2004～2018 年的趋势来获得对全民健康覆盖指标的预测。最后，我们对 2004 年及以后的趋势指标进行了敏感性分析，轨迹图进行了可视化检查，以评估 MCMC 输出的收敛性。当两个链的输出相似时，认为后验样本已经收敛。此外，采用格尔曼—鲁宾（Gelman-Rubin）诊断统计量作为收敛性的定量度量。在这个诊断中使用了一个潜在的尺度缩减因子，其中接近 1 的值诊断收敛，小于 1.02 的值诊断收敛失败。本节所研究对象我国全民健康覆盖的 2004～2018

年的趋势以及 2019～2039 年的预测结果均呈收敛现象，具体结果在附录 2 中展示。

在对我国全民健康覆盖情况进行敏感性分析后，对我国全民健康覆盖进行贝叶斯线性估计，预测我国全民健康覆盖发展情况。从图 4－2 中可知，我国全民健康覆盖情况随着时间的推移呈增长趋势，其中，左下方实线部分为对 2004～2018 年我国全民健康覆盖的拟合情况，点线为其实际情况；右上方虚线部分为对我国全民健康覆盖进行预测。我国全民健康覆盖在 2019年后依然逐年增长，在 2032 年超过 80%。图 4－2 中带宽部分为其 95% 置信区间。

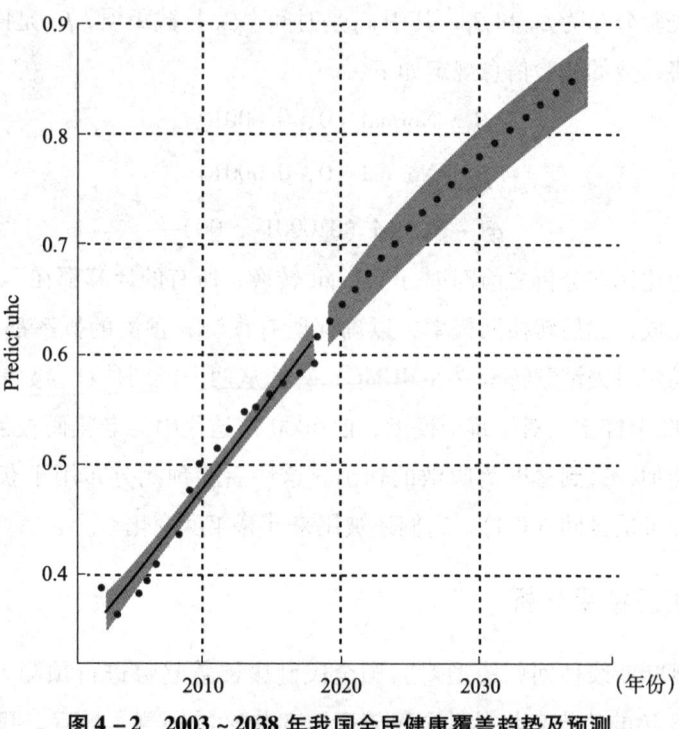

图 4－2　2003～2038 年我国全民健康覆盖趋势及预测

2003～2038 年我国全民健康覆盖指数增长率如表 4－6 所示，由表可知，2004～2006 年我国全民健康覆盖指数增长率均超过了 104%，在 2007 年及以后我国全民健康覆盖增长逐渐放缓，保持平稳增长趋势。

表 4-6	2003～2038 年我国全民健康覆盖指数增长率		单位:%
年份	增长率	年份	增长率
2003	100.00	2021	102.37
2004	104.32	2022	102.27
2005	104.20	2023	102.17
2006	104.10	2024	102.07
2007	103.98	2025	101.97
2008	103.87	2026	101.88
2009	103.75	2027	101.79
2010	103.63	2028	101.70
2011	103.51	2029	101.61
2012	103.40	2030	101.53
2013	103.28	2031	101.45
2014	103.16	2032	101.38
2015	103.04	2033	101.30
2016	102.93	2034	101.23
2017	102.81	2035	101.17
2018	102.70	2036	101.10
2019	102.59	2037	101.04
2020	102.48	2038	100.98

资料来源:《中国卫生健康统计年鉴》。

4.4　本章小结

　　全民健康覆盖是我国医疗卫生事业发展水平的体现,本章遵循世界卫生组织指导原则,结合我国国情建立了一套全民健康覆盖指标体系。全民健康覆盖指标体系包含健康预防、健康治疗、健康服务以及健康金融四个维度共 13 项指标。该体系涵盖生殖、孕产妇、传染病、非传染性疾病、伤害、新生儿和儿童健康的所有主要健康领域,同时以保障居民受金融保护的医疗保险也在本章构建的指标体系当中。

　　首先,分区域观察其分布情况可得,我国东部地区全民健康覆盖水平最高，其次为东北地区，然后为中部地区，西部地区全民健康覆盖水平最低。对全民健康覆盖指数进行地区排名可以发现，北京、上海以及江苏等东部地区排名靠前，重庆、西藏等西部地区排名靠后。我国全民健康覆盖水平地区差距显著，对其进行研究时应考虑空间分布情况。

其次，本章运用传统马尔科夫链对我国 2004～2018 年全民健康覆盖的时间演变进行分析。从时间演变来看，我国全民健康覆盖整体呈现俱乐部趋同，中等及以上水平俱乐部趋同比较稳定，表明我国全民健康覆盖中等及以上水平比较低水平与中低水平保持水平不变的概率更大。我国全民健康覆盖水平上升的概率随着自身所处的水平改变，整体有向中高水平逼近的趋势。

最后，对我国 2004～2018 年除港、澳、台地区外 31 个省（自治区、直辖市）全民健康覆盖指数结果进行分析。通过对 2004 年起我国全民健康覆盖的趋势描述，以及 2018 年后的趋势进行预测可得，我国全民健康覆盖指数一直保持增长的趋势，2004～2006 年我国全民健康覆盖指数增长率均超过了 104%，在 2007 年及以后我国全民健康覆盖增长逐渐放缓，保持平稳增长趋势。

我国政府卫生支出对全民健康覆盖的
直接效应分析

前面对我国各地区全民健康覆盖的发展特征分析表明，我国全民健康覆盖水平稳步上升且区域差距明显。当今社会交通日益便利，区域间的卫生资源共享更为便捷，因而各地区的医疗卫生服务呈现出的空间溢出效应将更加明显。鉴于此，下面将探讨我国政府卫生支出现状、全民健康覆盖情况的空间演变趋势，以期对研究我国政府卫生支出对全民健康覆盖的直接效应有更深入的认识，这对于优化财政支出结果具有重要的现实意义。

5.1 我国政府卫生支出现状

地方政府卫生支出的规模是本书研究的主要解释变量，我国政府卫生支出由中央转移支付和地方政府卫生支出两部分组成，其中我国地方政府卫生支出占比超过98%。在进行实证分析前，对政府卫生支出现状进行描述是非常有必要的。本节将对政府卫生支出的国际国内口径、规模的绝对和相对两个层面进行描述和比较分析，并对我国政府卫生支出的区域与城乡结构进行比较分析，为下一节实证检验做前期准备。

5.1.1 政府卫生支出的统计口径

由于文化历史以及核算方式不同，各个国家的卫生体制不尽相同。有的国家倾向于用一般税收、免费服务或低价格的公益机构来支持全民健康保障体系，有的国家主要依靠给社会医疗保险筹资来实现上述目标，部分发展中国家则结合两者，通过税收和医疗保险共同筹资，并通过公共和私人混合模式建立医疗保障系统。在比较我国与各国的政府卫生支出时，应考虑国家的卫生体制模式，应当在同一模式下进行考察。因为各个国家的卫生体制差异较大，以税收为主的医疗保障体系所核算的卫生支出要高于以医疗保险筹资为主的国家，近年来国际上更加倾向于用广义政府卫生支出（general government expenditure on health）来核算各个国家的卫生总费用，以增强卫生费用的可比性。OECD国家在 2011 年度健康审计确定卫生支出统计口径，按照卫生账户体系 SHA（system of health accounts）的卫生账户国际分类规则，将卫生费用分为其他卫生支出（external resources for health）、私人部门卫生支出（private expenditure on health）和广义政府卫生支出。广义政府卫生支出可以简单理解为狭义政府卫生支出 + 社会保障卫生支出 + 公有机构卫生支出。世界银行（World Bank）采取了同样的统计口径，在世界卫生组织（WHO）的核算口径中还包含援外卫生支出。广义政府卫生支出是相对于个人卫生支出而言的，所以广义政府卫生支出等同于公共卫生支出。

在中国，卫生总费用是国家卫生制度计算的结果，国家卫生服务消费总量或一段时间内社会卫生支出和个人卫生支出是我国卫生支出会计制度中卫生总费用。医疗卫生服务、医疗保障补助、卫生行政管理费用与医疗保健支出构成了我国政府卫生支出。政府以外的所有社会团体都在为社会卫生支出投入资金，其中包括社会保险和企业健康保险。医疗费和社会保险费用供给的一般医疗费是广泛的概念，包括政府对医疗机构的援助和政府支出。与国际卫生口径的广义政府卫生支出相比，我国政府的卫生支出并没有包括全部医疗保障经费。由于我国政府获得的国际组织的援助或捐赠所占比例很少，我国政府卫生支出与社会卫生支出中的社会保险缴费之和与国际卫生口径的一般政府卫生支出基本可以进行一致性的比较。

5.1.2　政府卫生支出的现状分析

5.1.2.1　政府卫生支出规模

为了能更好地分析政府卫生支出对全民健康覆盖的影响，本节将对政府卫生支出的绝对规模和相对规模进行分析。政府卫生支出主要反映一个国家一年内政府投入卫生领域的资金总额，可以反映出政府部门提供卫生服务的资源总量。我国政府卫生支出一直处于快速增长的趋势，使用规模指标衡量政府卫生支出能够直观地反映出政府卫生支出的大小，了解政府价值取向和政策。

改革开放以来，我国医疗服务水平有了明显提升。1981 ~ 2018 年，我国医疗卫生机构数由 80 万个增长到约 100 万个，卫生人员数由 736 万人增长到 1230 万人，医疗卫生床位数由 218 万张增长到 840 万张。如表 5 - 1 所示，1990 ~ 2018 年，我国政府卫生支出保持高速的增长态势，从 1990 年的 187.28 亿元增加到 2018 年的 16399.13 亿元，保持了一定的增长速度，其中在 2003 年突破千亿大关。从表 5 - 1 中同时可以看出，我国政府卫生支出的增长率在 1994 年、2003 年、2005 年达到 20% 以上；在 2007 ~ 2009 年、2011 年达到 30% 以上。究其原因本书认为，1994 年国务院决定在江苏镇江、江西九江进行社会医疗保险制度试点，拉开了医疗体制改革的序幕。2003 年，战胜"非典"疫情之后，党中央高度重视卫生工作并加大公共卫生投入，完善了公共卫生服务体系。2007 年之后随着新医改的实施，胡锦涛总书记在党的十七大报告中指出，"要坚持公共医疗卫生的公益性质，强化政府责任和投入，完善国民健康政策"。政府卫生支出实现飞速增长，1990 年我国政府卫生支出总量为 187.28 亿元；2003 年突破 1000 亿元，达到 1116.94 亿元；2014 年突破 10000 亿元，达到 10579.23 亿元；至 2018 年，其达到 16399.13 亿元，增长了 87 倍。对我国政府卫生支出进行纵向观察比较发现，我国政府卫生支出飞速增长，环比增长率在 1994 年、2003 年、2005 年、2007 ~ 2009 年以及 2011 年都超过 20%，特别是随着 2007 年我国新医疗体制改革的进行，我国政府卫生支出规模增长率达到了 45.13%。而 1991 年、1999 年、2017 年以及 2018 年的政府卫生支出增长速率都小于 10%。

表 5 - 1　　1990 ~ 2018 年政府卫生支出绝对规模、相对规模及其增长率

年份	政府卫生支出（亿元）	政府卫生支出增长率（%）	政府卫生支出占卫生总费用比重（%）	政府卫生支出占国内生产总值比重（%）	政府卫生支出占财政支出比重（%）
1990	187.28	—	25.06	1.00	6.07
1991	204.05	8.95	22.84	0.93	6.03

续表

年份	政府卫生支出（亿元）	政府卫生支出增长率（%）	政府卫生支出占卫生总费用比重（%）	政府卫生支出占国内生产总值比重（%）	政府卫生支出占财政支出比重（%）
1992	228.61	12.04	20.84	0.84	6.11
1993	272.06	19.01	19.75	0.77	5.86
1994	342.28	25.81	19.43	0.71	5.91
1995	387.34	13.16	17.97	0.63	5.68
1996	461.61	19.17	17.04	0.64	5.82
1997	523.56	13.42	16.38	0.66	5.67
1998	590.06	12.70	16.04	0.70	5.46
1999	640.96	8.63	15.84	0.71	4.86
2000	709.52	10.70	15.47	0.71	4.47
2001	800.61	12.84	15.93	0.73	4.24
2002	908.51	13.48	15.69	0.75	4.12
2003	1116.94	22.94	16.96	0.82	4.53
2004	1293.58	15.81	17.04	0.8	4.54
2005	1552.53	20.02	17.93	0.84	4.58
2006	1778.86	14.58	18.07	0.82	4.40
2007	2581.58	45.13	22.31	0.96	5.19
2008	3593.94	39.21	24.73	1.13	5.74
2009	4816.26	34.01	27.46	1.39	6.31
2010	5732.49	19.02	28.69	1.40	6.38
2011	7464.18	30.21	30.66	1.54	6.83
2012	8431.98	12.97	29.99	1.58	6.69
2013	9545.81	13.21	30.14	1.62	6.83
2014	10579.23	10.83	29.96	1.66	6.98
2015	12475.28	17.92	30.45	1.84	7.10
2016	13910.31	11.50	30.01	1.87	7.41
2017	15205.87	9.31	28.91	1.84	7.48
2018	16399.13	7.85	27.74	1.82	7.56

资料来源：根据历年《中国卫生与计划生育统计年鉴》计算整理。

对政府卫生支出的相对规模进行比较便于对其进行横向比较。相对规模指标是指政府卫生支出绝对规模与其他相关经济指标的比例关系,可以克服绝对规模指标由于通货膨胀和计量单位不利于横向和纵向比较的不足。本节采用政府卫生支出占卫生总费用比重来反映我国卫生总费用的结构情况,政府卫生支出占财政支出比重来反映我国一定时期内政府在医疗卫生服务上的投入与在公共产品和服务消耗的公共资源投入上的比例关系,政府卫生支出占国内生产总值比重来反映我国在一个财政年度中政府卫生消耗资源与产业创造社会财富的比例关系。

表 5 - 1 显示,我国政府卫生支出占卫生总费用的比重呈现先减后增再减的波动态势,由 1990 年的 25.06% 下降到 2002 年的 18.07%,经过 2007 年的新医疗体制改革后,政府卫生支出占卫生总费用比例开始上升,到 2016 年政府卫生支出占卫生总费用比例为 30.01%。在 2017 年和 2018 年略微下降,分别为 28.91% 和 27.74%。政府卫生支出占国内生产总值的比重呈现凹型,在 1990 ~ 1997 年短暂回落,由 1990 年的 1% 下降到 1997 年的 0.66%。1997 ~ 2016 年,政府卫生支出占国内生产总值的比重缓慢上升,在 2016 年其占比达到 1.87%,在 2017 年和 2018 年略微回落,2018 年回落至 1.82%。政府卫生支出占财政支出比重呈现 "U" 形变化,随着政府逐步放开管制,医院市场化改革的措施要求医院坚持 "靠自己",尽管政府卫生投入加大,但政府卫生支出占财政支出比重仍逐渐下滑。从 1990 年的 6.07% 减少到 2002 年的 4.12%。2002 年后政府逐渐恢复了之前的管制位置,经过 2006 年的短暂回落至 4.4% 后,特别是 2007 年的城镇居民医疗保险试点,政府增加了健康问题的关注度,在卫生领域不断加大投入,使得政府卫生支出占财政支出比例呈较快的增长速度,在 2018 年达到 7.56%。

从图 5 - 1 可以看出,我国政府卫生支出总额保持着高速增长,但是政府卫生支出的增长速度呈现出巨大的波动情况。对 1991 ~ 2018 年的我国政府卫生支出增长率和卫生总费用增长率进行对比,发现两者有趋同趋势,但部分趋势呈现出不同的态势。政府卫生支出增长率在 2001 年、2003 ~ 2011 年、2013 年以及 2015 年高于卫生总费用增长率,卫生总费用增长率在 1991 ~ 2000 年、2002 年、2012 年、2014 年、2016 ~ 2018 年高于政府卫生支出增长率。可以看出,随着 2003 年我国医疗卫生体制改革,我国政府不断重视医疗卫生领域的发展，一直加大政府卫生支出力度，在2007年新一轮医疗体制改革后增长速率达到新高。

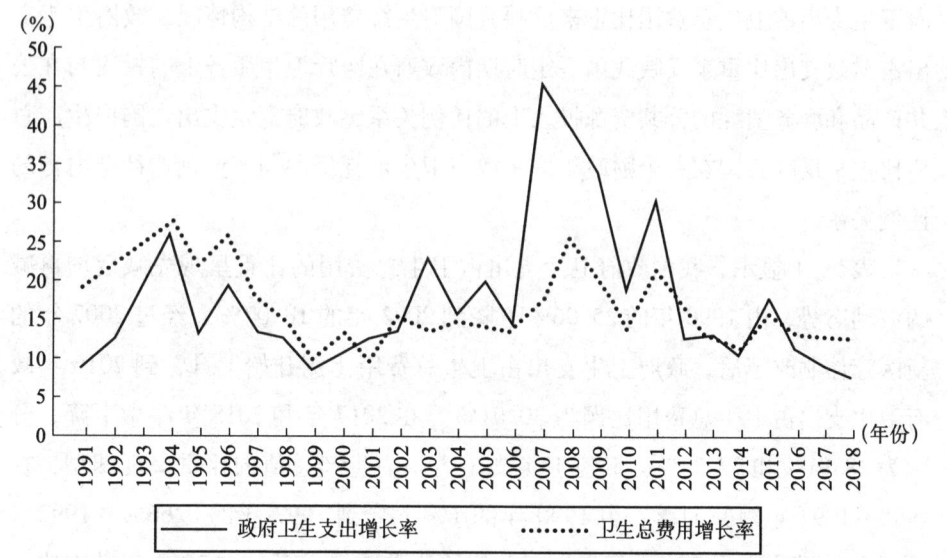

图5-1　1991~2018年政府卫生支出和卫生总费用增长率

资料来源：根据历年《中国卫生与计划生育统计年鉴》计算整理。

图5-2对政府卫生支出增长速度和国内生产总值增长速度进行对比，总体上可以看出，两者的增长趋势呈现出不同态势，波动较大但均处于增速阶段。我国政府卫生支出的增长速度在1991~1995年、2000年、2004年、2017年以及2018年低于国内生产总值的增长速度，在1991~2018年其余年份均高于国内生产总值增长速率。

5.1.2.2　政府卫生支出国际比较

在对我国政府卫生支出绝对规模和相对规模进行比较分析的基础上，进行政府卫生支出的国际比较可以进一步比较我国目前政府卫生支出的规模。为比较国内外政府卫生支出水平，通过查阅世界银行数据，本节整理国内外广义政府卫生支出规模如表5-2~表5-4所示。按照人均GDP水平将国家分为5个等级，第一等级是低收入国家（如朝鲜、阿富汗），第二等级是中低等收入国家（如印度、菲律宾），第三等级是中等收入国家（如匈牙利），第四等级是中高收入国家（如伊朗），第五等级是高收入国家（如美国、日本）。

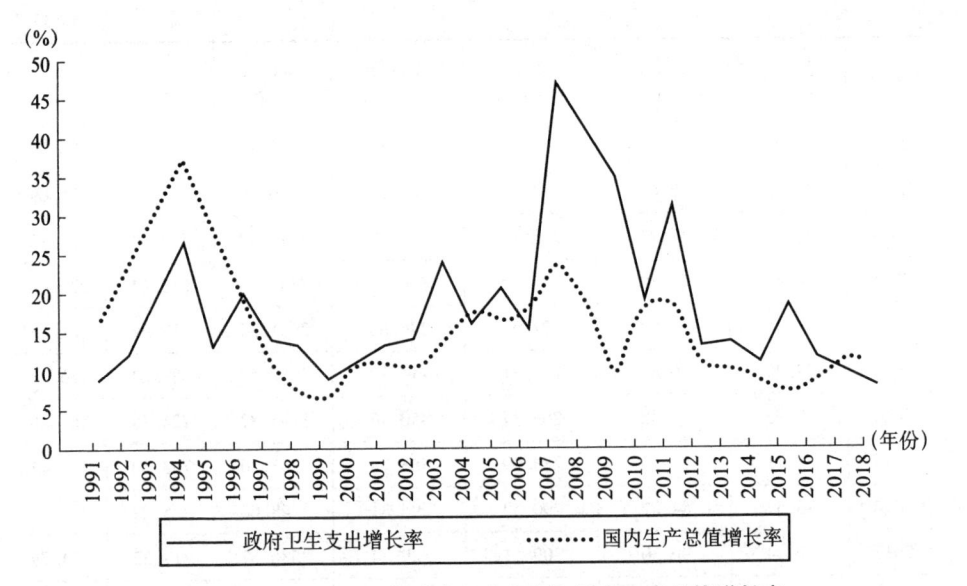

图 5-2 1991～2018 年政府卫生支出和国内生产总值增长率

资料来源：根据历年《中国卫生与计划生育统计年鉴》计算整理。

从表 5-2 可以看出，2000 年我国广义人均政府卫生支出仅高于低等收入国家，为 28.32 美元。在 2002 年超过中低等收入国家，达到 38.6 美元。期间保持持续快速增长，2010 年超过中等收入国家水平，达到 197.92 美元。我国广义人均政府卫生支出与高收入国家差距明显。高收入国家人均政府卫生支出增幅最大、增速最快。

表 5-2　　　2000～2018 年广义人均政府卫生支出（美元现价）国际比较　　　单位：美元

年份	低收入国家	中低等收入国家	中等收入国家	中高等收入国家	高收入国家	世界平均	中国
2000	19.48	31.05	74.55	112.87	1500.80	325.85	28.32
2001	21.89	33.35	80.17	121.80	1628.48	351.19	30.67
2002	20.88	34.03	85.31	131.30	1743.89	372.31	38.60
2003	22.21	35.72	92.01	142.47	1841.75	391.45	48.51
2004	23.07	38.28	99.84	155.50	1948.31	414.05	56.43
2005	24.08	42.16	109.16	170.27	2056.53	437.96	68.22
2006	24.80	45.32	126.08	200.39	2210.72	475.51	79.79
2007	28.28	48.59	140.62	226.04	2327.04	504.83	96.29

续表

年份	低收入国家	中低等收入国家	中等收入国家	中高等收入国家	高收入国家	世界平均	中国
2008	28.70	51.53	158.85	259.32	2469.13	541.11	128.92
2009	29.73	57.66	183.16	301.61	2630.46	584.83	175.09
2010	26.53	58.27	188.16	312.37	2714.67	599.34	197.92
2011	30.51	62.80	206.17	344.34	2848.36	632.44	234.06
2012	27.44	68.09	224.58	376.83	2931.83	657.59	281.54
2013	22.29	70.43	242.51	411.10	3052.47	689.67	326.11
2014	27.95	73.38	263.34	450.70	3197.87	726.78	368.86
2015	34.11	81.33	283.99	485.24	3345.20	763.80	422.43
2016	38.37	84.82	290.59	496.31	3448.00	785.28	441.10
2017	40.44	90.30	309.11	529.34	3586.57	817.23	474.79
2018	50.09	95.22	324.60	557.12	3715.74	846.74	527.60

资料来源：世界银行数据库，https：//data. worldbank. org. cn/indicator/SH. XPD. CHEX. PC. CD? most_ recent_ year_ desc = false.

表5-3 表明，不同等级国家的政府卫生支出占卫生总费用的比例有所不同，低收入国家的政府卫生支出占比最低，随着收入水平的提高，政府卫生支出占卫生总费用比例逐步提高，高收入国家的政府卫生支出占比最大，低收入国家的政府卫生支出占卫生总费用的比例随着时间的变化，由 2000 年的27.92% 降低至 2018 年的 20.63%；中低等收入国家广义政府卫生支出占卫生总费用比例基本保持不变；中等收入国家占比由 2000 年的 40.66% 增长至2018 年的 51.80%；中高等收入国家占比由 2000 年的 42.49% 扩大至 2018 年的 55.09%；高收入国家与世界平均水平增幅平缓，保持在 60% 左右的水平。中国 2000~2015 年广义政府卫生支出占卫生总费用比例处于持续快速增长的状态，由 2000 年的 21.98% 增长至 2015 年的 60.18%，2016~2018 年略微下降。横向来看，中国政府卫生支出占卫生总费用比例在 2000~2003 年位于世界最低水平，低于低收入国家。在 2004 年超过低收入国家和中低等收入国家，在 2009 年超过中等收入国家水平，在 2011 年超过中高等收入国家水平，但一直低于高收入国家水平。

表 5 - 3　　　2000 ~ 2018 年广义政府卫生支出占卫生总费用比例国际比较　　　单位:%

年份	低收入国家	中低等收入国家	中等收入国家	中高等收入国家	高收入国家	世界平均	中国
2000	27.92	31.26	40.66	42.49	59.35	57.33	21.98
2001	32.41	30.33	40.54	42.62	59.26	57.29	22.92
2002	30.89	30.14	40.54	42.78	59.12	57.31	25.39
2003	31.16	29.28	41.14	43.74	59.67	57.88	28.37
2004	29.27	29.70	42.32	45.04	60.28	58.44	30.24
2005	29.29	30.80	42.79	45.32	60.40	58.40	32.76
2006	26.71	31.53	44.78	47.49	60.64	58.64	35.14
2007	27.29	31.92	46.06	48.90	61.02	58.94	39.03
2008	24.55	33.29	47.87	50.63	61.98	59.81	44.52
2009	25.97	34.04	49.21	51.95	62.43	60.35	49.40
2010	23.48	33.41	49.29	52.11	62.47	60.19	51.91
2011	20.75	34.89	50.58	53.25	63.21	60.87	53.72
2012	22.04	35.27	51.37	54.12	62.69	60.47	55.74
2013	18.98	32.96	51.91	55.25	62.36	60.19	57.05
2014	19.57	32.64	52.57	56.03	62.63	60.53	58.42
2015	21.52	33.00	53.53	57.24	61.83	60.09	60.18
2016	21.04	33.24	52.42	55.91	61.55	59.72	58.10
2017	19.58	33.41	52.05	55.26	61.40	59.42	56.67
2018	20.63	33.15	51.80	55.09	61.57	59.54	56.42

资料来源:世界银行数据库, https://data.worldbank.org.cn/indicator/SH.XPD.CHEX.PC.CD? most_recent_year_desc = false.

　　表 5 - 4 列出了各收入水平国家与中国的广义政府卫生支出占 GDP 比例情况。由表 5 - 4 可以看出,2000 年以来,中国广义政府卫生支出占 GDP 比重持续增长,由 2000 年的 0.98% 增长为 2018 年的 3.02%。而在 2000 年中国广义政府卫生支出占 GDP 比例低于低收入国家,在 2008 年超过低收入国家水平,在 2013 年超过中等收入国家水平。高收入国家自 2000 年起超过 5%,至 2018 年达到 7.65%,世界平均水平保持在 5% 左右,中国广义政府卫生支出占 GDP 比例始终低于中等收入国家、高收入国家和世界平均水平。

表5-4　　　　2000～2018年广义政府卫生支出占GDP比例国际比较　　　单位:%

年份	低收入国家	中低等收入国家	中等收入国家	中高等收入国家	高收入国家	世界平均	中国
2000	1.30	1.23	2.07	2.29	5.62	4.98	0.98
2001	1.54	1.26	2.09	2.30	5.90	5.21	0.97
2002	1.48	1.23	2.03	2.25	6.13	5.40	1.10
2003	1.64	1.22	2.08	2.32	6.29	5.53	1.24
2004	1.58	1.22	2.11	2.35	6.33	5.53	1.29
2005	1.57	1.26	2.13	2.36	6.36	5.48	1.36
2006	1.45	1.28	2.21	2.46	6.41	5.45	1.38
2007	1.52	1.27	2.24	2.49	6.43	5.38	1.43
2008	1.27	1.33	2.34	2.58	6.65	5.46	1.73
2009	1.46	1.38	2.58	2.88	7.30	5.96	2.13
2010	1.23	1.30	2.50	2.78	7.25	5.75	2.18
2011	1.06	1.36	2.55	2.82	7.34	5.74	2.32
2012	1.13	1.42	2.61	2.88	7.37	5.71	2.54
2013	1.12	1.41	2.68	2.96	7.35	5.67	2.69
2014	1.13	1.35	2.73	3.05	7.48	5.75	2.79
2015	1.29	1.37	2.82	3.17	7.63	5.89	2.94
2016	1.25	1.36	2.77	3.13	7.70	5.94	2.89
2017	1.21	1.35	2.81	3.17	7.66	5.88	2.92
2018	1.11	1.36	2.81	3.17	7.65	5.87	3.02

资料来源:世界银行数据库, https：//data. worldbank. org. cn/indicator/SH. XPD. CHEX. PC. CD? most_ recent_ year_ desc = false.

　　通过比较国内外政府卫生支出情况可以发现，近年来，我国政府加大了对医疗卫生事业的投入，政府卫生支出总量上有一定程度的提升。同时，政府卫生支出占卫生总费用比例和政府卫生支出占 GDP 比例情况并不乐观，人均政府卫生支出仍然偏低，与中高等收入、高收入国家差距明显。政府在医疗卫生领域的主导作用还需继续加强。

5.1.2.3　政府卫生支出功能性结构分析

　　根据2019年《中国卫生健康统计年鉴》得到1990～2018年数据，我国政府卫生支出的功能性结构进行了 3 次调整。1990 年起，我国政府卫生支出分为：卫生事业费、中医事业费、计划生育事业费、高等医学教育经费、医学科研经费、预算内基本建设经费、卫生行政和医疗保险管理费、政府其他部门卫生经费、行政事业单位费。在 1999 年加入了食品和药品监督管理费的核算，在 2001 年取消了高等医学教育经费的核算，2003 年后加入了基本医疗保险基金补助经费的核算。而后在 2007 年，将计划生育事业费调整为人口与计划生育事务支出，将卫生行政和医疗保险管理费调整为行政管理事务支出，将行政事业单位医疗经费调整为医疗保障支出，其余项归为医疗卫生服务支出。按照次核算方式，我国政府卫生支出按照支出职能划分为：医疗卫生服务支出、医疗保障支出、行政管理事务支出、人口与计划生育事务支出，详情见表 5 - 5，同时由四项支出构成的总政府卫生支出占比也在图 5 - 3 中呈现。

表 5 - 5　　　　　1990 ~ 2018 年我国政府卫生支出功能性结构分类　　　单位：亿元

年份	医疗卫生服务支出	医疗保障支出	行政管理事务支出	人口与计划生育事务支出
1990	122.86	44.34	4.55	15.53
1991	132.38	50.41	5.15	16.11
1992	144.77	58.10	6.37	19.37
1993	164.81	76.33	8.04	22.89
1994	212.85	92.02	10.94	26.47
1995	230.05	112.29	13.09	31.91
1996	272.18	135.99	15.61	37.83
1997	302.51	159.77	17.06	44.23
1998	343.03	176.75	19.90	50.38
1999	368.44	191.27	22.89	58.36
2000	407.21	211.00	26.81	64.50
2001	450.11	235.75	32.96	81.79
2002	497.41	251.66	44.69	114.75
2003	603.02	320.54	51.57	141.82
2004	679.72	371.60	60.90	181.36
2005	805.52	453.31	72.53	221.18
2006	834.82	602.53	84.59	256.92

续表

年份	医疗卫生服务支出	医疗保障支出	行政管理事务支出	人口与计划生育事务支出
2007	1153.30	957.02	123.95	347.32
2008	1397.23	1577.10	194.32	425.29
2009	2081.09	2001.51	217.88	515.78
2010	2565.60	2331.12	247.83	587.94
2011	3125.16	3360.78	283.86	694.38
2012	3506.70	3789.14	323.29	812.85
2013	3838.93	4428.82	373.15	904.92
2014	4288.70	4958.53	436.95	895.05
2015	5191.25	5822.99	625.94	835.10
2016	5867.38	6497.20	804.31	741.42
2017	6550.45	7007.51	933.82	714.10
2018	6908.05	7795.57	1005.79	689.72

资料来源:《中国卫生健康统计年鉴》(2000~2019年)。

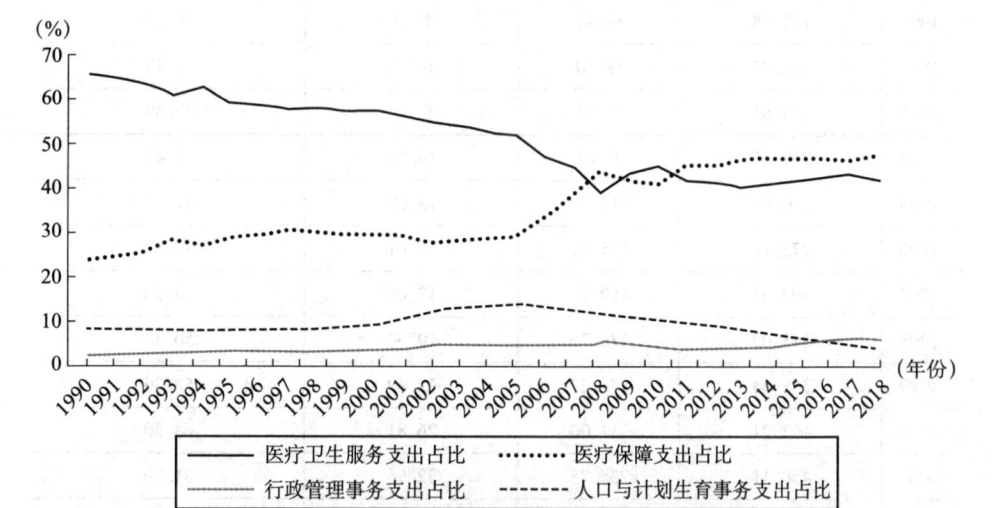

图5-3 1990~2018年我国政府卫生支出功能性结构占比

资料来源:《中国卫生健康统计年鉴》(1991~2019年)。

从表5-5中可以看出,我国政府卫生支出中医疗卫生服务绝对量最大,增长速度快。由1990年的122.86亿元,到2007年突破1000亿元大关,增长

为 1153.3 亿元。在 2009 年突破 2000 亿元，为 2081.09 亿元。到 2018 年，其
增长到 6908.05 亿元。我国医疗保障支出由 1990 年的 44.34 亿元增长为 2008
年的 1577.10 亿元，在 2011 年反超医疗卫生服务支出，为 2331.12 亿元。之
后保持持续快速增长速度，到 2018 年医疗保障支出增长至 7795.57 亿元。我
国政府卫生支出中行政管理事务支出由 1990 年的 4.55 亿元增加到 2007 年的
123.95 亿元，在 2018 年突破 1000 亿元，为 1005.79 亿元。人口与计划生育事
务支出由 1990 年的 15.53 亿元，增长到 2002 年的 114.75 亿元，2013 年其总
量达到 904.92 亿元，在 2014 年后开始下降，到 2018 年下降为 689.72 亿元。

从图 5-3 可知，1990~2018 年，政府卫生支出的功能性结构比例主要体
现在医疗保障支出和医疗卫生服务支出的相互调整上，而行政管理支出占政府
卫生支出比例维持在 2.4%~6.2%，此外人口与计划生育事务支出占比调整
幅度不大。在 2008 年之前，我国政府卫生支出中医疗卫生服务支出占政府卫
生支出比例最大，其次为医疗保障支出，这两项支出的比例总和能达到 80%
以上。但医疗卫生服务支出下滑达 23%，由 1990 年的 65.6% 下降到 2018 年
的 42.1%。相反，医疗保障支出占比却从 23.7% 增加至 47.5%。行政管理支
出与人口计划生育事务支出占政府卫生支出比例较小，人口与计划生育事务支
出占政府卫生支出比例大于行政管理事务支出占政府卫生支出比例，且人口与
计划生育事务支出在 2001~2010 年突破 10%。在 2008 年医疗保障支出占比超
过医疗卫生服务支出占比后，分别占政府卫生支出的 43.9% 和 38.9%。2011
年医保占比再次超过卫生服务支出占比，并保持占比最高的趋势不变。行政管
理事务支出占比在 2016 年之前一直位于四项功能性分类中的最低值，从 2016
年开始，随着行政管理事务支出总额的增加，其占比逐步提高。而随着人口与
计划生育事务支出总额的减少，其占比降为最低。由图 5-3 可知，我国政府
卫生支出主要由医疗卫生服务支出和医疗保障支出构成，两者总占比达到了
80% 以上，政府卫生支出呈逐年递增的趋势，其中医疗保障支出占比不断增
加，但医疗卫生服务支出占比逐渐下降，同时行政管理事务支出占比和人口与
计划生育事务支出基本保持不变。

5.1.2.4　政府卫生支出区域结构分析

合理的政府卫生支出结构是实现医疗卫生资源有效配置的前提。政府卫生

支出的区域结构是指政府在不同区域特点的分配比例不同。一般情况下，经济发展水平、政策措施、制度安排以及资源禀赋都影响着国家和地区公共卫生支出合理结构和变化的轨迹。为了确定我国政府卫生支出的优化路径，对其区域结构现状进行研究有助于把握其结构发展趋势和方向。表5-6列出了我国政府卫生支出各区域人均政府卫生支出情况。

表5-6　　　　　2004~2018年我国各区域人均政府卫生支出　　　　单位：元/人

年份	东部地区	中部地区	东北地区	西部地区
2004	92.07	38.88	63.66	55.30
2005	105.84	48.99	79.09	73.88
2006	130.93	68.09	102.38	90.79
2007	179.34	113.24	158.65	145.85
2008	240.90	163.65	206.91	205.07
2009	297.16	255.49	380.92	307.34
2010	361.97	301.96	385.92	387.14
2011	478.11	418.74	491.75	520.70
2012	540.30	475.14	528.70	580.93
2013	612.98	549.42	591.91	658.12
2014	757.87	671.24	699.61	802.60
2015	877.86	795.26	786.80	952.45
2016	980.36	853.44	853.40	1030.98
2017	1065.43	934.69	922.49	1129.49
2018	1152.49	997.91	933.78	1204.47

资料来源：《中国卫生健康统计年鉴》（2005~2019年）。

由表5-6可以看出，自2004年以来，我国人均政府卫生支出一直处于较低水平，21世纪以来，我国经济取得巨大成就的同时，各区域发展的差异造成的区域间结构特征愈加显著。从各区域间人均政府卫生支出情况看，2004年我国各区域总体水平大致相当，东部地区人均政府卫生支出最高，其次为东北地区、西部地区，最低的为中部地区。随着人均政府卫生支出的不断增加，东部地区的人均政府卫生支出在15年间增加了约11倍。至2018年，东部地区人均政府卫生支出达到了 1152.49 元/人；中部地区增长了 25 倍，由 2004 年的 38.88 元/人增长为 2018 年的 997.91 元/人；东北地区人均政府卫生支出由 2004 年的 63.66 元/人增加到 2018 年的 933.78 元/人；西部地区由 2004 年的 55.30 元/人增加到 2018 年的 1204.47 元/人。横向比较来看，东北地区在 2009 年超过了东部地区的人均政府卫生支出，为全国排名第一，之后其增长速率开始放缓，自 2011 年开始排名下跌，位于西部地区之后，2015～2018 年，其人均政府卫生支出位于全国末位。2004 年，我国各区域人均政府卫生支出最高的东部地区与最低的中部地区差值为 53.19 元/人，至 2018 年，此差距由最高的西部地区与最低的东北地区构成，差距为 270.69 元/人，差距达到了 5 倍。这种差距直接反映了政府在医疗卫生事业方面的资源配置不均衡，影响医疗卫生事业的持续健康发展。

5.2　我国全民健康覆盖的空间演变

上文发现我国全民健康覆盖水平空间差距明显，全民健康覆盖水平的空间差距或者不平等程度，可以通过计算不同人群的健康覆盖水平来总结体现，如家庭财富五分位数、教育程度、地理区域、年龄和性别。因为观察全国平均健康覆盖水平会掩盖弱势群体的低覆盖水平，所以衡量全民健康覆盖不平等的关键维度显得很重要。本节将运用空间马尔科夫链来反映全民健康覆盖的空间差异。基于区域差异、经济发展水平、政府卫生支出规模视角讨论我国全民健康覆盖的空间演变。

构建空间马尔科夫链转移概率矩阵的思路为：根据传统马尔科夫链模型中区域 i 在初始年份里的空间滞后类型，可以把传统的 $j \times j$ 马尔科夫矩阵分解成 k 个 $j \times j$ 条件转移概率矩阵。这里第 k 个条件矩阵中的元素 $p_{ijlk}(L)$ 表示 "在区域空间滞后类型在 j 的条件下，系统从 t 年份 i 类型经过 L（$L=1$，2，3，…）步长转移到 j 类型的 L 步空间转移概率"。与空间马尔科夫链相比，普通的马尔科夫链并不能完全反映具有区域特性的空间演变特征。空间马尔科夫链把各地区的特征因素在时间上的自相关性与空间滞后性引入进来，使两者结合。空间马尔科夫链可以分析某区域的地理背景对该区域的全民健康覆盖的影响情况。

5.2.1　基于区域差异视角

把全国除港、澳、台外31个省（自治区、直辖市）分为4个区域，东部、中部、东北、西部。其中，东部地区包含：北京、天津、河北、浙江、福建、上海、江苏、广东、广西、山东、海南；中部地区包含：安徽、湖北、江西、河南、湖南、重庆；东北地区包含：内蒙古、吉林、辽宁、黑龙江；西部地区包含：四川、贵州、云南、甘肃、青海、陕西、宁夏、新疆、西藏。对全民健康覆盖指数按照东部、中部、东北、西部4个区域进行空间演变探讨，得到如表5-7所示的分区域全民健康覆盖的马尔科夫链转移概率表。

表5-7　　　　　　　分区域全民健康覆盖的马尔科夫转移概率

地区	样本量140	类型	低水平	中低水平	中等水平	中高水平	高水平
	1	低水平	0.000	1.000	0.000	0.000	0.000
	22	中低水平	0.000	0.682	0.318	0.000	0.000
东部	37	中等水平	0.000	0.000	0.757	0.243	0.000
	56	中高水平	0.000	0.000	0.018	0.875	0.107
	24	高水平	0.000	0.000	0.000	0.125	0.875
地区	样本量84	类型	低水平	中低水平	中等水平	中高水平	高水平
	4	低水平	0.750	0.250	0.000	0.000	0.000
	30	中低水平	0.000	0.800	0.200	0.000	0.000
中部	40	中等水平	0.000	0.000	0.850	0.150	0.000
	10	中高水平	0.000	0.000	0.000	1.000	0.000
	0	高水平	0.000	0.000	0.000	0.000	0.000
地区	样本量56	类型	低水平	中低水平	中等水平	中高水平	高水平
	0	低水平	0.000	0.000	0.000	0.000	0.000
	13	中低水平	0.000	0.769	0.231	0.000	0.000
东北	21	中等水平	0.000	0.000	0.762	0.238	0.000
	22	中高水平	0.000	0.000	0.046	0.909	0.046
	0	高水平	0.000	0.000	0.000	0.000	0.000

续表

地区	样本量154	类型	低水平	中低水平	中等水平	中高水平	高水平
西部	19	低水平	0.579	0.421	0.000	0.000	0.000
	51	中低水平	0.020	0.765	0.216	0.000	0.000
	64	中等水平	0.000	0.000	0.875	0.125	0.000
	20	中高水平	0.000	0.000	0.150	0.850	0.000
	0	高水平	0.000	0.000	0.000	0.000	0.000

由表 5-7 可以得到以下结论。

（1）全民健康覆盖高水平地区全部位于东部，低水平地区集中在西部少数地区。低水平分布在中部和东部的样本量分别占本区域的 4.76% 和 0.71%。各区域中占比最高的两个水平分别为：东部地区，中高水平 40.00% 和中等水平 26.43%；中部地区，中等水平 47.62% 和中低水平 35.71%；东北地区，中高水平 39.29% 和中等水平 37.50%；西部地区，中等水平 41.56% 和中低水平 33.12%。

（2）中部区域，东北区域和西部区域马尔科夫转移概率矩阵的对角线元素均大于 0.5，样本量为 0 的行列不考虑，呈现俱乐部趋同。东部地区除了首行首列外，对角线元素均大于 0.682，同样呈现俱乐部趋同。说明中部、东北和西部区域的全民健康覆盖水平有保持不变趋势的概率较大。同时，东部地区在 2018 年已经没有低水平的全民健康覆盖，其他四个水平的全民健康覆盖保持不变趋势的概率较大。

（3）观察东部地区可以看出，东部各省市经济条件较好，全民健康覆盖低水平样本量只有一个，且已经向中低水平转移。中低水平、中等水平和中高水平向上迁移的概率大于向下迁移的概率，其中中等水平向上迁移概率为 0.343，而中高水平向下迁移概率为 0.018，向上迁移概率为 0.107，高等水平向下迁移概率为 0.125，因此东部地区全民健康覆盖整体趋势是向中高水平移动。

（4）观察中部地区可以看出，矩阵对角线元素随着覆盖水平的升高而增大，到中高水平行列对角线元素为 1，且中部地区各覆盖水平向下迁移概率为 0，因此中部地区全民健康覆盖有向中高水平移动的趋势，高水平保持不变。

水平越低，向上迁移的概率越高。

（5）观察东北地区可以看出，东北地区全民健康覆盖没有低水平和高水平迁移的样本，集中在中间3个等级，中低水平和中等水平向下迁移概率为0，中高水平保持不变的概率达到了0.909，向上和向下皆为0.046，不存在由高水平向下迁移。这表明东北地区2018年才存在中高水平向高水平迁移的现象，整体来看，东北地区全民健康覆盖也是向中高水平迁移的趋势。

（6）观察西部地区可以看出，西部地区和中部地区全民健康覆盖比较接近，但是在中高水平地区只存在向下迁移的可能，其概率为0.150，而其中等地区向中高地区的迁移概率仅为0.125，且向中低迁移的概率为0，表明西部地区全民健康覆盖有向中等水平迁移的发展趋势。

5.2.2 基于经济发展水平视角

本节构建以周围地区经济发展水平为滞后项的空间马尔科夫转移概率矩阵，所有滞后均以邻接省份的水平等权重赋权计算，分为经济发展低水平、中低水平、中等水平、中高水平以及高水平5个滞后水平，如表5-8所示。

表5-8 经济发展水平视角全民健康覆盖的马尔科夫转移概率

滞后	水平	样本量	低水平	中低水平	中等水平	中高水平	高水平
经济发展低水平	低水平	17	0.647	0.353	0.000	0.000	0.000
	中低水平	36	0.028	0.750	0.222	0.000	0.000
	中等水平	39	0.000	0.000	0.923	0.077	0.000
	中高水平	11	0.000	0.000	0.000	1.000	0.000
	高水平	0	0.000	0.000	0.000	0.000	0.000
经济发展中低水平	低水平	2	0.000	1.000	0.000	0.000	0.000
	中低水平	33	0.000	0.788	0.212	0.000	0.000
	中等水平	40	0.000	0.000	0.800	0.200	0.000
	中高水平	24	0.000	0.000	0.125	0.875	0.000
	高水平	0	0.000	0.000	0.000	0.000	0.000

续表

滞后	水平	样本量	低水平	中低水平	中等水平	中高水平	高水平
经济发展中等水平	低水平	4	0.750	0.250	0.000	0.000	0.000
	中低水平	32	0.000	0.781	0.219	0.000	0.000
	中等水平	47	0.000	0.000	0.830	0.170	0.000
	中高水平	33	0.000	0.000	0.030	0.939	0.030
	高水平	0	0.000	0.000	0.000	0.000	0.000
经济发展中高水平	低水平	1	0.000	1.000	0.000	0.000	0.000
	中低水平	11	0.000	0.727	0.273	0.000	0.000
	中等水平	24	0.000	0.000	0.750	0.250	0.000
	中高水平	19	0.000	0.000	0.000	0.947	0.053
	高水平	3	0.000	0.000	0.000	0.000	1.000
经济发展高水平	低水平	0	0.000	0.000	0.000	0.000	0.000
	中低水平	4	0.000	0.000	0.500	0.500	0.000
	中等水平	12	0.000	0.000	0.750	0.250	0.000
	中高水平	21	0.000	0.000	0.048	0.714	0.238
	高水平	21	0.000	0.000	0.000	0.143	0.857

由表 5-8 可以得出以下结论。

（1）观察经济发展低水平地区可以得出，经济发展低水平区域不存在全民健康覆盖高水平的地区。主对角线元素从上到下依次增大，且最小值为 0.647，表明全民健康覆盖存在俱乐部趋同，且趋同趋势随着水平的升高越加明显。全民健康覆盖向上迁移的概率依次减小，达到中高水平时，向上转移的概率为 0，自身保持不变的概率为 1。在经济发展水平较低的区域，全民健康覆盖整体转移趋势是向中高水平迁移，但达到中等水平时，向上迁移的概率仅为 0.077。

（2）观察经济发展中低水平地区矩阵可以得出，经济发展中低水平区域不存在全民健康覆盖高水平的地区。对角线元素从上到下依次增大，且最小值为 0.788，表明全民健康覆盖存在俱乐部趋同，且趋同趋势随着水平的升高越加明显。其低水平区域样本仅 2 个，且 100% 的概率都向上迁移到了中低水平。低水平、中低水平以及中等水平向下迁移的概率都为 0；中高水平地区有

0.125 的概率向中等水平迁移，但中等水平地区有 0.200 概率向中高水平迁移。表明经济发展中低水平地区全民健康覆盖整体趋势向中高等水平靠近。

（3）观察经济发展中等水平地区可以得出，经济发展中等水平区域不存在全民健康覆盖高水平的地区。对角线元素从上到下依次增大，且最小值为0.750，表明全民健康覆盖存在俱乐部趋同，且趋同趋势随着水平的升高越加明显。全民健康覆盖向上迁移概率随着自身水平的提高逐渐减小，低水平、中低水平以及中等水平向下迁移概率为 0。中高水平地区向下和向上迁移概率相同，为 0.030。而中等水平地区向上迁移概率为 0.170。表明在经济发展中等水平地区全民健康覆盖整体有向中高水平迁移的趋势。

（4）观察经济发展中高水平地区可以得出，经济发展中高水平区域全民健康覆盖发展水平低、中低、中等、中高、高水平 5 种水平的地区都存在，但主要集中在中等水平。其中，低水平地区样本仅 1 个且已经 100% 的概率向中低水平转移，目前已不存在低水平地区。全民健康覆盖中等水平和中低水平地区向上转移的概率为 0.250 和 0.273，基本相同。全民健康覆盖中高水平地区向上迁移的概率为 0.053。说明经济发展中高水平地区全民健康覆盖整体不存在向下迁移的情况出现，有向中高和高水平迁移的趋势。

（5）观察经济发展高水平地区可以得出，经济发展高水平区域不存在全民健康覆盖低水平的地区，且中低水平地区也较少，中低水平向上转移概率为0.500。中高水平地区向上迁移的概率为 0.238，而高水平地区向下迁移的概率为 0.143。表明经济发展高水平地区全民健康覆盖整体有向高水平发展的趋势。

（6）总体观察表 5-8 可得，各滞后类型只存在主对角线相邻元素大于 0的情况，表明所有滞后类型的区域都不存在跃迁的情况，只存在一个等级向下一个或者上一个迁移的情况，且各滞后类型均存在俱乐部趋同。

5.2.3　基于政府卫生支出水平视角

构建以周围地区政府卫生支出水平为滞后项的空间马尔科夫转移概率矩阵，所有滞后均以邻接省份的水平等权重赋权计算，分为人均政府卫生支出低水平、中低水平、中等水平、中高水平以及高水平 5 个滞后水平，如表 5-9 所示。

表 5 -9　　政府卫生支出水平视角全民健康覆盖的马尔科夫转移概率

滞后	水平	样本量	低水平	中低水平	中等水平	中高水平	高水平
人均政府卫生支出低水平	低水平	6	0.667	0.333	0.000	0.000	0.000
	中低水平	28	0.000	0.786	0.214	0.000	0.000
	中等水平	34	0.000	0.000	0.882	0.118	0.000
	中高水平	21	0.000	0.000	0.000	1.000	0.000
	高水平	0	0.000	0.000	0.000	0.000	0.000
人均政府卫生支出中低水平	低水平	5	0.600	0.400	0.000	0.000	0.000
	中低水平	37	0.000	0.784	0.216	0.000	0.000
	中等水平	44	0.000	0.000	0.818	0.182	0.000
	中高水平	13	0.000	0.000	0.154	0.846	0.000
	高水平	0	0.000	0.000	0.000	0.000	0.000
人均政府卫生支出中等水平	低水平	12	0.583	0.417	0.000	0.000	0.000
	中低水平	46	0.022	0.739	0.239	0.000	0.000
	中等水平	63	0.000	0.000	0.825	0.175	0.000
	中高水平	56	0.000	0.000	0.036	0.839	0.125
	高水平	14	0.000	0.000	0.000	0.214	0.786
人均政府卫生支出中高水平	低水平	1	0.000	1.000	0.000	0.000	0.000
	中低水平	5	0.000	0.600	0.400	0.000	0.000
	中等水平	17	0.000	0.000	0.882	0.118	0.000
	中高水平	1	0.000	0.000	0.000	1.000	0.000
	高水平	10	0.000	0.000	0.000	0.000	1.000
人均政府卫生支出高水平	低水平	0	0.000	0.000	0.000	0.000	0.000
	中低水平	0	0.000	0.000	0.000	0.000	0.000
	中等水平	4	0.000	0.000	0.250	0.750	0.000
	中高水平	17	0.000	0.000	0.059	0.941	0.000
	高水平	0	0.000	0.000	0.000	0.000	0.000

由表 5 -9 可以得出以下结论。

（1）观察人均政府卫生支出低水平地区可得，人均政府卫生支出低水平区域不存在全民健康覆盖高水平的地区。对角线元素最小值为 0.667，表明存在俱乐部趋同，说明全民健康覆盖各水平有保持不变的概率。低水平向上升为中低水平的概率为 0.333，中低水平向上升为中等水平的概率为 0.214，中等水平向上升为中高水平的概率为 0.118，说明全民健康覆盖水平向上迁移的概率随着自身地区全民健康覆盖水平的上升而下降。人均政府卫生支出低水平地区全民健康覆盖各水平向下迁移的概率为 0，整体有向中高水平迁移趋势。

（2）观察人均政府卫生支出中低水平地区可得，人均政府卫生支出中低水平区域不存在全民健康覆盖高水平的地区。对角线元素从上到下依次增大，且最小值为 0.600，表明存在俱乐部趋同，说明全民健康覆盖各水平有保持不变的概率，且随着全民健康覆盖水平的升高概率加大。全民健康覆盖向上迁移概率随着自身水平的提高逐渐减小，低水平向中低水平迁移的概率为 0.400，中低水平向中等水平迁移的概率为 0.216，中等水平向中高水平迁移的概率为 0.182。全民健康覆盖低水平、中低水平以及中等水平向下迁移概率为 0。但中高水平地区只有向下迁移概率，为 0.154，而中等水平地区向上迁移概率为 0.182。表明人均政府卫生支出中低水平地区全民健康覆盖整体有向中高水平迁移的趋势，但是迁移速度缓慢。

（3）观察人均政府卫生支出中等水平地区可得，对角线元素最小值为 0.583，中高水平的行列元素最大，达到 0.839，高水平的行列元素下降至 0.786，表明全民健康覆盖存在俱乐部趋同，从低水平至高水平趋同概率上升，高水平地区趋同概率略有下降。低水平地区向中低水平地区迁移的概率为 0.417，中低水平向中等水平迁移的概率为 0.239，中等水平向中高水平迁移的概率为 0.175，说明各水平向上迁移概率随着自身水平的提高逐渐减小，其中中高水平地区向上迁移的概率小于高水平地区向下迁移的概率。表明人均政府卫生支出中等水平地区全民健康覆盖整体有向中高水平迁移的趋势。

（4）观察人均政府卫生支出中高水平地区可得，低水平向上转移仅有一个样本，概率为 1。观察对角线元素，除低水平地区，其余地区均大于 0.500 且越来越大，表明全民健康覆盖各水平存在俱乐部趋同以及随着全民健康覆盖水平的发展保持自身不变的概率越来越大，全民健康覆盖中高水平和高水平地区不存在迁移情况，自身保持不变的概率为 1。中低水平向中等水平迁移的概率为 0.400，中等水平向中高水平迁移的概率为 0.118，说明全民健康覆盖向上迁移概率随着自身水平的提高逐渐减小。表中显示，各水平向下迁移概率为

0，说明人均政府卫生支出中高水平地区全民健康覆盖整体存在向上迁移的趋势。

（5）观察人均政府卫生支出高水平地区可得，在此地区全民健康覆盖只存在中等和中高水平地区。观察对角线元素，全民健康覆盖中等水平保持自身不变的概率为 0.250，中高水平保持自身不变的概率为 0.941。中等水平向中高水平转移的概率为 0.750，中高水平向中等水平转移的概率为 0.059，说明中等水平且向上转移概率远远大于中高水平向下迁移概率。人均政府卫生支出高水平地区全民健康覆盖整体呈现向中高水平迁移的趋势。

（6）总体观察表 5 - 9 可得，人均政府卫生支出各滞后类型只存在主对角线相邻元素大于 0 的情况，表明所有滞后类型的区域都不存在跃迁的情况，只存在一个等级向下一个或者上一个迁移的情况。

5.3　我国全民健康覆盖的空间相关性

当所研究的主体存在空间分布时，往往需要考虑空间相关性，由于地域数据的相关性，传统的计量经济模式忽略了空间相关性，空间地理信息与地域数据的接触性、距离性和相关性有着密切的关系。将空间权重矩阵加入回归模型中，在区域科学、城市经济学、地理经济学和发展经济学等经济领域被广泛应用。空间计量经济学研究在回归模型中如何处理空间异质性（空间结构）和空间相关性（空间相互作用）。基于我国全民健康覆盖不平衡关系、存在地理集聚现象的事实，可以推断我国全民健康覆盖具有空间依赖，因此本节将对 2004～2018 年我国除港、澳、台地区外 31 个省（自治区、直辖市）全民健康覆盖指数空间依赖进行统计分析，为空间计量模型的构建打下坚实的基础。

5.3.1　变量选取及模型设定

地理学的第一法则指出生物之间有关联，关联越大，事情就越密切。我们把 n 个地区的地理空间数据记为 $\{x_i\}_{i=1}^n$，其中 i 与 j 表示的是地区 i 与地区 j。把地区 i 与地区 j 之间的距离记为元素 w_{ij}，可定义为空间权重矩阵如下：

$$w = \begin{pmatrix} w_{11} & \cdots & w_{1n} \\ \vdots & \ddots & \vdots \\ w_{n1} & \cdots & w_{nn} \end{pmatrix} \qquad (5-1)$$

其中，主对角线上的元素 $w_{11} = \cdots = w_{nn} = 0$（相同区域的距离表示为0）。常用的空间权重矩阵分为空间相邻权重矩阵、空间距离权重矩阵。

当两个空间对象相邻时，即两个空间对象有长度大于0的公共边界，则称之为邻接空间，邻接空间是相互关系。当空间 A 和空间 B 相邻，那么同时也称空间 B 和空间 A 相邻。例如，当两个省份之间是否接壤作为判断依据，来判断它们是否为邻接的空间，由于江西省和湖南省是接壤的，则称江西省和湖南省是邻接的。有学者认为，两个空间之间的距离小于设定的阈值时，就代表相邻，否则就是不相邻。具体如式（5-2）所示：

$$w_{ij} = \begin{cases} 1 & \text{当区域 } i \text{ 与 } j \text{ 之间为邻居关系} \\ 0 & \text{当区域 } i \text{ 与 } j \text{ 之间为非邻居关系} \end{cases} \qquad (5-2)$$

当空间数据研究的范围较小时，可以忽略地球的曲率，那么此时的距离指的是两个空间之间的直线距离，常采用的测量距离为欧氏距离。如果研究范围较大，地球的曲率影响无法忽略不计，通常采用的计算方法为研究对象的经纬度来测量。在实际生活运用中，当用直线距离测算没有较大的意义时，除了采用两点之间的直线距离来测算地理空间距离外，还会用两点之间的交通时间来估计，如步行时间、开车时间、火车时间与飞行时间等。例如，当研究四川西部自治州之间的空间相关性，由于公路较为落后，交通时间往往要比实际距离更合理地反映各地区之间的空间距离。空间距离权重矩阵具体公式如下：

$$w_{d-ij} = \frac{1}{d_{ij}} \quad (i \neq j) \qquad (5-3)$$

其中，d_{ij} 表示31个省（自治区、直辖市）的省会之间测算出的地理距离。

由于数据之间存在区域相关性，所以采用空间测量方法，区域相关性意味着相邻区域具有相似的参数。正区域关系、负区域关系和无空间关系被包含在空间相关当中。低值区域和低值区域的组合以及高值区域和高值区域的组合为空间正相关。负区域相关性意味着高值区域和低值区域的聚集。在高价区域和低值区域的任意分布中不存在区域相关性。Moran's Index（莫兰指数）能表达空间相关性。Geary's 也是一种空间是否相关的尝试。Geary's 也称为 Geary's 邻接比例或简称 Geary's 比例。Moran's Index 度量全局空间自相关，Geary's 指数更敏感地测量局部相关性。Geary's 指数与 Moran's I 相关，但不完全相同。具体如式（5-4）和式（5-5）所示：

$$C = (n-1)\frac{\sum_{i=1}^{n}\sum_{j=1}^{n} w_{ij}(x_i - x_j)^2}{2nS^2 \sum_{i=1}^{n}\sum_{j=1}^{n} w_{ij}} \qquad (5-4)$$

$$I^2 = \frac{1}{n}\sum_{i=1}^{n}(x_i - \bar{x})^2 \qquad (5-5)$$

其中，x_i 表示位置 i 上的观测值，$\bar{x}$ 是变量 x 在 n 个位置上的平均值，w_{ij} 是空间权重矩阵的元素，如果位置 I 邻接于位置 J，则定义为 1，否则为 0。假设零假设为无全局空间自相关，则 Geary's 指数期望值等于 1。与 Moran's I 一样，推断基于 Z 分数：

$$Z_c = \frac{C-1}{\sqrt{\text{Var}[C]}} \qquad (5-6)$$

$$\text{Var}[C] = \left(\frac{(2S_1 + S_2)(n-1) - 4S_0^2}{2(n+1)S_0^2}\right) \qquad (5-7)$$

$$S_0 = \sum_{i=1}^{n}\sum_{j=1}^{n} w_{ij} \qquad (5-8)$$

$$S_1 = \frac{1}{2}\sum_{i=1}^{n}\sum_{j=1}^{n}(w_{ij} + w_{ji})^2 \qquad (5-9)$$

$$S_2 = \sum_{i=1}^{n}\left(\sum_{j=1}^{n} w_{ij} + \sum_{j=1}^{n} w_{ji}\right)^2 \qquad (5-10)$$

无效假设的 p 值如式（5-11）和式（5-12）所示：

$$p = \text{erfc}\left(\frac{|C - E[C]|}{\sqrt{2\text{Var}[C]}}\right) \qquad (5-11)$$

$$E[C] = 1 \qquad (5-12)$$

Geary's 的指数值介于 0~2 之间。1 表示没有空间自相关。小于 1 的值表示正空间自相关增加，而大于 1 的值表示负空间自相关增加。

莫兰指数公式如下：

$$I = \frac{\sum_{i=1}^{n} \sum_{j=1}^{n} w_{ij}(x_i - \bar{x})(x_j - \bar{x})}{s^2 \sum_{i=1}^{n} \sum_{j=1}^{n} w_{ij}} \quad\quad (5-13)$$

其中，$s^2 = \frac{\sum_{i=1}^{n}(x_i - \bar{x})^2}{n}$ 为样本方差，而 $\sum_{i=1}^{n} \sum_{j=1}^{n} w_{ij}$ 为所有空间中权重值的矩阵之和。如果莫兰指数大于 0，表示与空间正相关，如果指数小于 0，则表示负关系，如果指数接近 0，则空间相关性弱。莫兰指数可以分为全局莫兰指数和局部莫兰指数，而局部莫兰指数则是将莫兰指数按地区划分，莫兰指数可以看作是观测值和空间滞后之间的相关系数。

5.3.2 空间自相关检验

为了进一步考察我国各地区全民健康覆盖指数之间是否存在空间相关性，在进行空间计量模型之前，本节基于邻近地理权重特征和空间距离权重矩阵对全民健康覆盖指标进行检验。

5.3.2.1 全局空间相关性

本节运用 Stata 软件对我国 2004~2018 年各地区全民健康覆盖指数全局自相关值进行测算，结果如表 5-10 所示。

表 5-10　　　　　2004~2018 年全民健康覆盖空间自相关性检验

年份	邻近权重矩阵莫兰指数	邻近权重矩阵Geary's 指数	距离权重矩阵莫兰指数	距离权重矩阵Geary's 指数
2004	0.395***	0.454***	0.144***	0.887**
2005	0.369***	0.501***	0.105***	0.931
2006	0.394***	0.468***	0.11***	0.93
2007	0.355***	0.504***	0.094***	0.943
2008	0.354***	0.514***	0.101***	0.925
2009	0.314***	0.549***	0.088***	0.945
2010	0.287***	0.587***	0.064***	0.958
2011	0.271***	0.621***	0.054***	0.971
2012	0.218**	0.702**	0.036***	0.958

续表

年份	邻近权重矩阵 莫兰指数	邻近权重矩阵 Geary's 指数	距离权重矩阵 莫兰指数	距离权重矩阵 Geary's 指数
2013	0.178 *	0.718 *	0.02 *	0.996
2014	0.167 *	0.755 *	0.002	1.012
2015	0.151 *	0.8	− 0.005	1.043
2016	0.104	0.837	− 0.003	1.037
2017	0.124	0.812	0.003	1.012
2018	0.077	0.855	− 0.001	1.014

注：*、**、***分别表示 10%、5%、1%水平下显著。

表 5 - 10 显示，在邻近权重矩阵莫兰指数中，我国 2004 ~ 2018 年全民健康覆盖的莫兰指数均为正，除 2016 ~ 2018 年三年未通过显著性水平 10% 的检验，其余年份均通过显著性检验。说明我国全民健康覆盖指数具有空间集聚性。同时，从莫兰指数变化趋势我们还能看出，我国全民健康覆盖指数空间集聚程度逐渐下降。从邻近权重矩阵 Geary's 指数中可以看出，我国全民健康覆盖 Geary's 指数逐年趋近于 1，2015 ~ 2018 年未通过显著性检验，其余年份均通过显著性检验。说明我国全民健康覆盖具有空间正相关性，其空间自相关性逐步减弱。从距离权重矩阵莫兰指数中可以看出，我国全民健康覆盖莫兰指数在 2004 ~ 2014 年以及 2017 年为正，呈现 2004 ~ 2007 年逐年递减，2008 年略有增加后继续递减的趋势，2014 年与 2017 年未通过显著性检验，表明我国全民健康覆盖在 2004 ~ 2014 年以及 2017 年呈空间正相关性。2015 年与 2018 年全民健康覆盖距离权重矩阵莫兰指数为负，具有空间负相关性，但未通过显著性检验。从距离权重矩阵 Geary's 指数可以看出，我国全民健康覆盖 Geary's 指数呈增长趋势，由 2004 年的 0.887 增长到 2014 年突破 1，为 1.012；继续增长到 2015 年的 1.043 后略微下降，到 2018 年下降至 1.014；而只有 2004 年通过了显著性检验。说明我国全民健康覆盖在 2004 ~ 2013 年全民健康覆盖指数为空间正相关，2014 ~ 2018 年为空间负相关。

用不同矩阵以及不同指数检验全民健康覆盖空间自相关性，得出的结果大致相同，本节所测度的莫兰指数呈现递减趋势，Geary's 指数都呈现向 1 趋近的趋势。说明我国全民健康覆盖的空间自相关性减弱。邻近权重矩阵莫兰指数和 Geary's 指数检验得出，我国全民健康覆盖呈现空间正相关性。距离权重矩阵莫兰指数和 Geary's 指数在 2015 年、2016 年以及 2018 年呈现空间负相关性。

5. 3. 2. 2　局部空间相关性

虽然全局莫兰指数的测算结果显示，我国全民健康覆盖指数在 2004 ～ 2018 年大部分时间中具有准确的区域相关性，但无法说明哪些区域在高集中区域，哪些区域在低集中区域。鉴于此，本节运用距离权重矩阵测算各地区全民健康覆盖的局部莫兰指数，分析我国全民健康覆盖指数是否存在空间相关性。

总体上看，2004 ～ 2018 年我国西部地区全民健康覆盖处于低低集聚区，高高集聚地区主要集中在东部，中部大部分地区处在低高集聚区，高低集聚区所包含的省份有较大变化。我国全民健康覆盖空间集聚情况在 2004 ～ 2018 年可分为两个阶段：第一阶段为 2004 ～ 2009 年，东部及东北部分地区处于空间相关性为高值地区与高值地区集聚，如北京、天津、江苏、上海、浙江、辽宁、吉林等地，大部分地区的全民健康覆盖高集聚现象显著。内蒙古及中部部分地区处在低高集聚区，西部地区以及中部部分地区处在低低集聚区，如新疆、西藏等地。第二阶段为 2010 ～ 2018 年，我国全民健康覆盖高高集聚区域和高低集聚区域扩大，其中内蒙古由低高集聚转为高高集聚，同时新疆、宁夏、湖南、湖北、四川等地逐步转为高低集聚区域，说明全民健康覆盖指数高的省份与全民健康覆盖指数低的省份相邻。2009 年我国实行新医疗体制改革后，全民健康覆盖水平提高，部分省份水平提高较快，导致这些省份的全民健康覆盖水平高于邻近地区。

5. 4　政府卫生支出对全民健康覆盖的空间溢出效应

5. 4. 1　空间面板模型设定

鉴于我国全民健康覆盖具有空间相关性，本节建立了空间计量模型，从空间地理角度继续分析影响我国全民健康覆盖情况的因素。

5.4.1.1　空间静态面板模型

首先考察面板的空间自回归模型，具体公式如下：

$$y_{it} = \rho w_i' y_i + x_{it}' + \mu_i + \varepsilon_{it}, \quad (i=1, \cdots, n; \ t=1, \cdots, T) \qquad (5-14)$$

其中，w_i' 为空权重矩阵 W 的第 i 行，$w_i' y_i = \sum_{j=1}^{n} w_{ij} y_{jt}$，$w_{ij}$ 为空间权重矩阵 W 的 (i, j) 元素；而 u_i 为区域 i 的个体效应。如果 u_i 与 x_{it} 相关，则为固定效应模型。反之，则为随机效应模型。在决定使用固定效应还是随机效应模型时，可进行通常的 Hausman 检验：

$$\begin{cases} y_{it} = \tau\, y_i + \rho w_i' y_t + x_{it}\beta + d_i' X_t \delta + u_i + \gamma_t + \varepsilon_{it} \\ \varepsilon_{it} = \lambda m_i' \varepsilon_t + v_{it} \end{cases} \qquad (5-15)$$

其中，$y_{i,t-1}$ 为被解释变量 y_{it} 的一阶滞后；$d_i' X_t \delta$ 表示解释变量的空间滞后，d_i^i 为相应空间权重矩阵 D 的第 i 行；γ_t 为时间效应；而 m_i' 为扰动项空间权重矩阵 M 的第 i 行。下面将对如何区分空间自回归模型进行解释[①]。

（1）如果 $\lambda=0$，则为"空间杜宾模型"（SDM 模型）。

（2）如果 $\lambda=0$ 且 $\delta=0$，则为"空间滞后模型"（SLM 模型）。

（3）如果 $\tau=\rho=0$ 且 $\delta=0$，则为"空间误差模型"（SEM 模型）。

5.4.1.2　空间面板模型检验

空间计量模型也有空间固定效应模型和空间随机效应模型两种。埃尔霍斯特（Elhorst，2010）将 Hausman 检验扩展到了空间计量模型中，原假设为个体效应与解释变量之间不相关，即接受随机效应模型，检验的具体形式如下：

$$H_0: h=0 \qquad (5-16)$$

$$h = d'\left[\mathrm{Var}\ (d)\ \right]^{-1}d, \quad d = \left[\hat{\beta}'\hat{\delta}\right]_{FE}' - \left[\hat{\beta}'\hat{\delta}\right]_{RE}' \qquad (5-17)$$

$$\mathrm{var}\ (d) = \sigma_{RE}^2(X_1'X_1)^{-1} - \sigma_{FE}^2(X^{*'}X^{*})^{-1} \qquad (5-18)$$

$$X^{*} = X - \overline{X}, \ X_1 = X - (1-\theta)\ \overline{X}, \ \theta^2 = \sigma^2/(T\sigma_{\mu}^2 + \sigma^2) \qquad (5-19)$$

Hauseman 检验中统计量服从自由度为 $k+1$ 的卡方分布，若 h 超过临界值，则表示拒绝原假设，应建立固定效应模型；反之，则为随机效应模型。

---

① 陈强. 高级计量经济学及 Stata 应用（第二版）［M］. 北京：高等教育出版社，2014：593－594.

另外，埃尔霍斯特还将似然比 LR 检验扩展到了空间计量模型上。因此，可以得到 LR 统计量：

$$LR = -2 \times (\log liklag - \log liklag_{FE}) \qquad (5-20)$$

原假设为接受混合效应模型。拒绝原假设则表明应选择固定效应模型。

5.4.1.3 空间动态面板模型

静态空间面板模型忽略了时间维度在测度中影响。在上文中空间滞后模型直接解释了被认为在某些空间方式相关的因变量之间的关系。有点类似于滞后因变量在时间序列分析中，估计得到"空间滞后"系数表征中，一个地区和其他邻近地区之间的关系。尽管动态面板模型已经成为近期重要发展的对象（Baltagi & Kao，2000）；Phillips & Moon，2000），但空间动态面板模型的计量分析几乎不存在。事实上，在面板设置中，处理空间和时间依赖性的可用估计量是有限的。在没有空间依赖性的情况下，有三种类型的估计可用来估计动态面板模型。第一种类型的估计包括估计无条件似然函数（Hisao et al.，2002）。第二种类型程序修正了与最小二乘哑变量（LSDV）估计器相关的偏差（Bun & Carree，2005）。第三种类型是最受欢迎的，依赖于广义距估计，如差异广义距估计。

本节将同时运用空间动态面板模型对全民健康覆盖影响因素进行研究。式（5-21）和式（5-22）表示基本的空间动态面板模型形式，同时也作为"时间—空间模拟"模型而被大家熟知。

$$Y_t = \alpha Y_{t-1} + \rho W_{1t} Y_t + EX_t \beta + EN_t \gamma + \varepsilon_t \qquad (5-21)$$

$$\varepsilon_t = \eta + \varphi W_{2t} \varepsilon_t + v_t, \quad t=1, \cdots, T \qquad (5-22)$$

其中，Y_t 代表一个 $N \times 1$ 的矢量，W_{1t} 和 W_{2t} 代表 $N \times N$ 的空间权重矩阵，这些空间权重矩阵对于该模型来说是非随机且外因的，η 是总体影响向量，EX_t 是外生解释变量 p 的 $N \times p$ 矩阵（$p \geq 0$），EN_t 是一个关于 Y_t 的 q 外生解释变量的 $N \times q$ 矩阵。假设 v_t 符合正态分布（$N(0, \Omega)$）。空间自回归系数 ρ 与 $W_t Y_t$ 代表了临近地理权重的影响，其中，$[W_t Y_t]i = \sum_{j=1 \cdots N_t} w_t(d_{ij}) \cdot Y_{jt}$。空间滞后项允许确定因变量 Y_t 是否受到了由给定标准加权的邻近距离区域的影响。换句话说，空间滞后系数反映了 Y_t 对邻近位置的影响。设 w_{min} 和 w_{max} 分别为空间矩阵 W 的最小和最大特征根，则假设该空间效应介于 $1/w_{min}$ 和 $1/w_{max}$ 之间。大多数空间计量经济学文献将空间滞后限制在 -1 至 $+1$ 之间。然而，这可能是有局限的，因为如果空间矩阵是行规范化的，那么最高的特征根等于个体($w_{\max}=1$)，但最小特征值可以大于 -1，这将导致下界小于 -1。

由于式（5-21）和式（5-22）是时间和空间自回归模型的组合，我们需要确保得到结果的过程是平稳的。该模型中的平稳性限制比施加在空间或动态模型系数上的个体限制更强。如果 $|(IN-\rho W_t)^{-1}\alpha|<1$，这个过程是协方差平稳的，换句话说，当 $\rho\geqslant0$，$|\alpha|<1-\rho\omega_{\max}$，当 $\rho<0$，$|\alpha|<1-\rho\omega_{\min}$。

通过对各个参数进行限定，可以得到空间动态面板模型的三种主要类型：空间动态误差模型（dynamic spatial error model，DSEM）、空间动态滞后模型（dynamic spatial lag model，DSLM）和空间动态杜宾模型（dynamic spatial durbin model，DSDM）。$\rho=0$ 时，可以得到空间动态误差模型。$\varnothing=0$ 时，可得到空间动态滞后模型。

从计量经济学的角度来看，考虑到一些解释变量在动态空间面板设置中是潜在内生的，式（5-21）面临着内生性问题，这反过来意味着普通面板估计将是有偏的和不一致的（Anselin，1988）。导致内生性存在的原因包括测量误差、变量遗漏或存在因变量和解释变量之间的同时关系。其中，空间动态杜宾模型考虑了因变量的空间自相关性，自变量和误差项的参数估计不会受到遗漏变量的影响，因此采用空间动态杜宾模型（DSDM），公式如下：

$$Y_t = \tau Y_{t-1} + \rho WY_t + \eta WY_{t-1} + X_t\beta + WX_t\theta + \mu_i + \lambda_t + \varepsilon_{it} \qquad (5-23)$$

其中，Y_t 为因变量，Y_{t-1} 为因变量滞后一期；X_t 为自变量，包括核心自变量和控制变量；β、θ 分别表示自变量系数、自变量空间滞后项系数；τ、ρ、η 分别表示因变量时间滞后项系数、因变量空间滞后项系数、因变量时空滞后项系数；μ_i、λ_t、ε_{it}、分别表示为空间固定效应、时间固定效应、空间自相关误差项。

同时，由于 DSDM 纳入时间维度项，除了可以估计自变量的直接效应（direct effects）与间接效应（indirect effects），还能估算自变量的长期效应（long effects）与短期效应（short effects）。对式（5-23）采用偏微分方法对时空效应进行分解，得到如下公式：

$$Y_t = (I-\rho W)^{-1}(\tau I + \eta W)Y_{t-1} + (I-\rho W)^{-1}(X_t\beta + WX_t\theta) \quad (5-24)$$

其中，当设定 $\tau=0$ 和 $\eta=0$，Y 对 X_t 的偏微分矩阵元素即为变量 X_t 短期效应矩阵（5-25）。如果 $\rho=0$ 且 $\beta_{2k}=0$，则不存在短期效应。当 $Y_t=Y_{t-1}=Y^*$、$WY_{t-1}=WY_t=WY^*$，Y^* 表示达到长期均衡时 Y 的水平，再对 X_t 求偏微分，即可得到变量 X_t 长期效应矩阵（5-26）。进一步，对短期效应矩阵（5-25）和长期效应矩阵（5-26）进行统计：当 $\overline{d}$ 为对角线元素均值为直接效应，当 $\overline{d}$ 为非对角线元素均值为间接效应。从而可以得到，长期的直接效应和间接效应、短期的直接效应和间接效应，若 $\rho+\eta=0$ 且 $\beta_{2k}=0$，则不存在长期间接效应。

$$\left[\frac{\partial E(Y^*)}{\partial X_{1k}}\cdots\frac{\partial E(Y^*)}{\partial X_{nK}}\right]=(I-\rho W)^{-1}(\beta_{1k}I_n+\beta_{2k}W)^{\overline{d}} \qquad (5-25)$$

$$\left[\frac{\partial E(Y^*)}{\partial X_{1k}}\cdots\frac{\partial E(Y^*)}{\partial X_{nK}}\right]=\left[(I-\tau)I-(\rho+\eta)W\right]^{-1}(\beta_{1k}I_n+\beta_{2k}W)^{\overline{d}}$$

$$(5-26)$$

5.4.2　实证检验与结果估计

5.4.2.1　静态空间面板模型

选择空间模型时，参考埃图尔和科赫（Eertur & Koch，2007）的文章，通过 LM 检查，决定是一般面板模型还是空间面板模型，不受约束的 SDM 模型的情况下，评价 SDM 模型是否可简化，因此，优选根据方程（5-15）选择 SDM 模型并进行模型评估，然后使用 Stata 软件计算数据，并在通过 LR 检查后，检查 SAR 模型和 SEM 模型是否包含于 SDM 模型之中。结果如表5-11所示。

表 5-11　　　　　　　　　　空间面板数据的检验结果

检验指标	检验结果
LM 检验	P-value = 0.000
LR 检验 SAR 模型	LR chi2（7）= 16.7732 Prob > chi2 = 0.0189
LR 检验 SEM 模型	LR chi2（7）= 92.2516 Prob > chi2 = 0.0000
Hausman 检验	Prob > chi2 = 0.0007
LR 检验个体固定模型	Prob > chi2 = 0.0000

从表 5 – 11 可知，LM 检验中各统计量均通过了显著性检验，即应构建基于空间因素的计量模型。LR 检验进一步发现，否定了 $\lambda = 0$ 且 $\delta = 0$ 或 $\tau = \rho = 0$ 且 $\delta = 0$ 的假设，结果显示 SDM 模型更合适。再进一步 Hausman 检验 SDM 模型固定效应与 SDM 模型随机效应哪个更为合适。SDM 模型 Hausman 检验的 P 值小于 0.05，通过显著性检验，因此固定效应模型更适用。最后检验时间固定效应、个体固定效应和双固定效应哪个更为合适，LR 检验的 P 值小于 0.05，通过显著性检验，因此本节运用 SDM 个体固定效应模型更适用。SDM 个体固定效应模型结果如表 5 – 12 所示。

表 5 – 12　　　　　　基于 SDM 个体固定效应模型全民健康覆盖影响

变量	Coef.	Std. Err.	[95% Conf. Interval]	
人均政府卫生支出	0.01728 ***	0.00501	0.00746	0.02710
技术进步	− 0.01799 ***	0.00376	− 0.02537	− 0.01062
人口偏度	− 0.17635	0.11608	− 0.40387	0.05118
人均国内生产总值	0.00000 *	0.00000	0.00000	0.00001
人均个人卫生支出	0.014756 ***	0.00495	0.00506	0.02446
老龄化程度	− 0.01635 ***	0.00477	− 0.02571	− 0.00700
人力资本	− 0.03780 *	0.01964	− 0.07630	0.00070
rho	0.73582 ***	0.04910	0.63958	0.83205

注：*、*** 分别表示 10%、1% 水平下显著。

从表 5 – 12 可以看出，我国全民健康覆盖影响因素中，人均政府卫生支出、人均国内生产总值与人均个人卫生支出对全民健康覆盖的影响显著为正，说明这三项指标的增长会促进全民健康覆盖的改善，技术进步、老龄化程度与人力资本对全民健康覆盖的影响显著为负，说明这三项指标会抑制全民健康覆盖的发展。人口偏度对全民健康覆盖的影响未通过显著性检验，说明我国人口偏度对全民健康覆盖的影响不明显。究其原因，本书认为，由于全民健康覆盖所涵盖的指标范围较广，所涵盖部分指标需要政府长期投入来实现，如扩大医疗机构密度。鉴于政府卫生支出对全民健康覆盖的作用具有空间滞后性，静态空间杜宾模型中期作用机制无法判断。综合考虑，本节运用动态空间杜宾模型对政府卫生支出对全民健康覆盖的影响的作用进一步分析。

5.4.2.2 动态空间杜宾模型

基于上文静态空间杜宾模型的局限性，本节将运用动态空间杜宾模型深入探讨政府卫生支出对全民健康覆盖的影响，结果如表5-13所示。

表5-13　　　　　基于DSDM个体固定效应模型全民健康覆盖影响

变量	Coef.	Std. Err.	P value	[95% Conf. Interval]	
人均政府卫生支出	0.00007	0.00124	0.95400	-0.00236	0.00250
技术进步	-0.00033	0.00082	0.69100	-0.00193	0.00128
人口偏度	-0.06749	0.02564	0.00800	-0.11775	-0.01723
人均国内生产总值	0.00000	0.00000	0.02300	0.00000	0.00000
人均个人卫生支出	-0.00425	0.00136	0.00200	-0.00691	-0.00158
老龄化程度	0.00466	0.00145	0.00100	0.00181	0.00750
人力资本	0.02104	0.00825	0.01100	0.00487	0.03722
$W \times$人均政府卫生支出	-0.01857	0.00414	0.00000	-0.02670	-0.01045
$W \times$技术进步	0.01605	0.00307	0.00000	0.01004	0.02207
$W \times$人口偏度	0.41065	0.08672	0.00000	0.24067	0.58062
$W \times$人均国内生产总值	0.00000	0.00000	0.01400	0.00000	0.00000
$W \times$人均个人卫生支出	0.00160	0.00369	0.66500	-0.00563	0.00882
$W \times$老龄化程度	0.02279	0.00420	0.00000	0.01455	0.03102
$W \times$人力资本	-0.07044	0.01472	0.00000	-0.09930	-0.04159
rho	0.86255	0.05280	0.00000	0.75906	0.96604

如表5-13所示，在无空间交互作用的情况下，我国人均政府卫生支出对全民健康覆盖的影响未通过显著性检验，在空间交互作用下，其对全民健康覆盖的影响显著为负。从动态空间杜宾模型估计结果来看，解释变量rho显著不为零。乐萨吉和佩斯（Le Sage & Pace，2009）主张，如果rho不为0，使用动态空间杜宾模型系数时可能发生系统偏差。因此要对空间动态杜宾模型进行分解，包括短期整体影响、短期直接影响、短期间接影响、长期整体影响、长期直接影响和长期间接影响，结果如表5-14所示。

表 5 - 14　　　　　　　　　　　动态空间杜宾模型效应分解

变量	短期效应			长期效应		
	直接效应	间接效应	总效应	直接效应	间接效应	总效应
人均政府卫生支出	- 0.04215	- 1.28380	- 1.32628	0.00143	0.02801 ***	0.02943 ***
技术进步	0.03543	1.08644	1.12217	- 0.00200	- 0.02376 ***	- 0.02575 ***
人口偏度	0.48710	16.94258	17.43422	- 0.28828 ***	- 0.26164	- 0.54993 ***
人均国内生产总值	- 0.00001	- 0.00025	- 0.00026	- 0.00000 *	0.00001 ***	0.00001 ***
人均个人卫生支出	- 0.00608	- 0.05853	- 0.06462	- 0.01613 ***	0.02120 ***	0.00508
老龄化程度	0.07060	2.00731	2.07844	0.01607 **	- 0.06101 ***	- 0.04493 ***
人力资本	- 0.10638	- 3.86381	- 3.97120	0.08438 ***	- 0.00185	0.08253 ***

注：*、**、*** 分别表示 10%、5%、1% 水平下显著。

由表 5 - 14 可知，我国政府卫生支出对全民健康覆盖的短期效应不明显。无论是短期直接效应、短期间接效应，还是短期总效应，都没通过显著性检验。政府卫生支出对全民健康覆盖的长期直接效应未通过显著性检验，其长期间接效应和长期总效应为正，且分别通过 1%、5% 的显著性水平检验。说明政府卫生支出对全民健康覆盖短期无影响。长期影响中，总的来说，人均政府卫生支出的增加会促进全民健康覆盖的提高，本地区人均政府卫生支出的增加会带动邻近地区全民健康覆盖的扩大，而对自己本地区的全民健康覆盖无显著影响。究其原因，本书认为全民健康覆盖中所涵盖的健康服务大部分由政府主导，政府加大卫生支出能够直接促进全民健康覆盖的发展。政府提供的医疗卫生服务不仅针对本地区人口，也针对外来流动人口，当一个地区的政府卫生投入加大时，会吸引外地人口来此地就医，从而提高邻近地区全民健康覆盖水平。

技术进步对全民健康覆盖的短期影响不显著。长期效应中，长期直接效应、长期间接效应以及长期总效应都为负，但长期直接效应未通过显著性检验。表明我国医药制造业的技术进步长期发展会抑制全民健康覆盖的增长，对邻近地区的全民健康覆盖的扩大产生负向作用。本书认为，我国医药制造业的技术进步水平较低，还远远未达到全民健康覆盖要求。我国应加大对科技发明的投入，加速科技创新和技术进步，从而促使全民健康覆盖。

人口偏度对全民健康覆盖的影响短期效应不显著。长期直接效应和长期总效应为正，都通过了1%显著性检验，长期间接效应不显著。说明我国人口偏度对全民健康覆盖的长期影响起阻碍作用，本地区的人口偏度会抑制本地区的全民健康覆盖增长，但对邻近地区作用不明显。随着工业化和城镇化的发展，人口集聚带动城市的发展，人口偏度越大的城市说明人口流动性越强，会对全民健康覆盖造成压力，从而产生负向效应。本地区的人口偏度越大，对本地区越会产生直接的抑制作用，对邻近地区没有影响。

代表经济因素的人均国内生产总值的短期效应同样不明显。长期总效应与长期间接效应均为正，且通过了1%的显著性检验，说明我国人均国内生产总值从长期来看，对全民健康覆盖有益。本地区的人均国内生产总值对邻近地区的全民健康覆盖有正向影响。长期间接效应显著为负，但从系数上看影响较小。人均国内生产总值代表的是一个地区的经济发展水平，当一个地区的经济发展水平提高时，短期对全民健康覆盖的作用不显著，从长期来看会促进全民健康覆盖面的提高，并且对相邻地区会产生正向影响，对本地影响作用不明显。究其原因，本书认为随着经济发展和落后地区医疗卫生体制的完善，医疗卫生服务的回报率会逐渐下降，甚至有负面影响。

老龄化程度对本地区的全民健康覆盖短期效应不明显，长期作用产生显著正向影响。老龄化程度对邻近地区短期效应不显著，长期来看会抑制全民健康覆盖的发展，且通过了1%显著性检验。总的来看，老龄化短期对全民健康覆盖无显著影响，会产生长期的显著负作用。我国逐渐步入老龄化社会，社会所面临的养老问题越来越严峻，政府所承担的养老压力加剧，老年人的健康下降，实现健康覆盖所承担的成本相对较大，老龄化程度的加剧会抑制全民健康覆盖的发展。同时，由于当地政府的及时重视，老龄化程度高的地区，如北京、上海等地大力发展养老服务业，提升养老服务质量，探索完成超大型城市养老服务的新模式，使得全民健康覆盖面不降反升，对本地全民健康覆盖产生正向影响。而邻近地区的养老服务业发展较为缓慢，并没有对全民健康覆盖产生刺激作用，抑制了全民健康覆盖的发展。

人力资本对全民健康覆盖的短期效应均未通过显著性检验，长期效应中，长期总效应显著为正，说明人力资本对全民健康覆盖长期造成促进作用。人力资本的长期直接效应为正，且通过1%的显著性检验，说明本地区人力资本对本地区全民健康覆盖的长期作用为正向，人力资本的提高会加速全民健康覆盖的发展。人力资本的长期间接效应不显著，说明本地区的人力资本提升不会对邻近地区造成影响。人力资本水平代表着地区人口的受教育程度，人力资本水平越高说明当地居民受教育水平越高，能够为健康服务产业提供更多所需人才，发展健康产业，提供更多的健康服务，达到全民健康覆盖的目的。

5.5 本章小结

本章首先讨论我国政府卫生支出的国际国内口径，对规模的绝对和相对两个层面进行描述和比较分析，并对我国政府卫生支出的区域与城乡结构进行比较分析。其次，基于区域差异、经济发展水平以及政府卫生支出规模视角，运用空间马尔科夫链来反映全民健康覆盖的空间差异，讨论我国全民健康覆盖的空间演变。最后，测度我国全民健康覆盖的空间自相关性，并运用空间计量模型探讨我国政府卫生支出对全民健康覆盖的直接影响效应，得出以下结论。

(1) 政府卫生支出总量亟待提高。政府卫生支出总量分析表明，自改革开放以来，政府卫生支出逐年快速上涨，特别是自2003年"非典"发生以来，我国政府卫生支出总量突破1000亿元，自2007年新医改以来，我国政府卫生支出规模增长率达到了45.13%。可见，政府对医疗卫生事业的重视程度在大幅度提升。对我国政府卫生支出相对规模进行分析发现，我国政府卫生支出占卫生总费用、国内生产总值与财政支出比例趋势基本一致，呈"凹"型发展。随着政府逐步放开管制，医院市场化改革的措施要求医院坚持"靠自己"，尽管政府卫生投入加大，但政府卫生支出相对规模仍逐渐下滑。但在经历了2007年新医改的刺激后，政府卫生支出相对规模均有所上升。通过对政府卫生支出规模进行国际比较，发现目前我国政府卫生支出规模快速增长，但低于世界平均值，与中高收入国家和高收入国家相比仍处于较低水平。这与我国目前经济总量排世界第二有巨大的反差，因此我们必须清楚地认识到，我国加大政府在医疗卫生部门的投入任重而道远。

(2) 政府卫生支出结构特征明显。我国政府卫生支出主要由医疗卫生服务支出、医疗保障支出、行政管理事务支出与人口与计划生育事务支出构成，而医疗卫生服务支出与医疗保障支出两者总占比达到了80%以上，政府卫生支出呈逐年递增的趋势，其中医疗保障支出占比不断增加，但医疗卫生服务支出占比逐渐下降，同时行政管理事务支出占比和人口与计划生育事务支出基本保持不变。此外，我国政府卫生支出区域性结构存在差距，2018年人均政府卫生支出差距由最高的西部地区与最低的东北地区构成，差距为270.69元/人。这种差距直接反映了政府在医疗卫生事业方面的资源配置不均衡，影响医疗卫生事业的持续健康发展。

（3）基于区域差异空间演变视角，我国全民健康覆盖高水平地区全部位于东部，低水平地区集中在西部少数地区。除去样本量较少的情况，各矩阵对角线元素均大于0.5，说明东部、中部、东北和西部区域的全民健康覆盖水平有保持不变趋势的概率较大。单独观察各区域元素可以得出，东部地区全民健康覆盖整体趋势是向中高水平移动；中部地区全民健康覆盖有向中高水平移动的趋势，高水平保持不变，且水平越低，向上迁移的概率越高。东北地区全民健康覆盖有向中高水平迁移的趋势，西部地区全民健康覆盖有向中等水平迁移的发展趋势。

（4）基于经济发展水平空间演变视角，全民健康覆盖存在俱乐部趋同，且趋同趋势随着水平的升高越加明显。经济发展水平较低的区域，全民健康覆盖整体转移趋势是向中高水平迁移，但达到中等水平时，向上迁移的概率仅为0.769；经济发展中低水平、中等水平地区全民健康覆盖整体趋势向中高等水平靠近；经济发展中高水平地区全民健康覆盖整体不存在向下迁移的情况，有向中高和高水平迁移的趋势；经济发展高水平地区全民健康覆盖整体有向高水平发展的趋势；所有经济发展区域都不存在跃迁的情况，只存在一个等级向下一个或者上一个迁移的情况。

（5）基于政府卫生支出水平空间演变视角，全民健康覆盖存在俱乐部趋同，说明全民健康覆盖各水平有保持不变的概率，且低水平、中高水平保持自身不变的概率越来越大。人均政府卫生支出低水平、中低水平、中等水平、中高水平地区以及高水平地区全民健康覆盖整体有向中高水平迁移的趋势。但是人均政府卫生支出中低水平地区迁移速度缓慢，人均政府卫生支出中等水平与中高水平地区各水平向上迁移概率随着自身水平的提高逐渐减小，同时人均政府卫生支出低水平地区全民健康覆盖各水平向下迁移的概率为 0。

（6）用不同矩阵以及不同指数检验全民健康覆盖空间全局自相关性，得出的结果大致相同，我国全民健康覆盖指数具有空间集聚性，同时我国全民健康覆盖指数空间集聚程度逐渐下降。观察我国全民健康覆盖情况的局部空间相关性，总体上看，2004～2018 年我国西部地区全民健康覆盖处于低低聚集区，高高集聚地区主要集中在东部，中部大部分地区处在低高集聚区，高低集聚区所包含的省份有较大变化。我国全民健康覆盖空间集聚情况在 2004～2018 年可分为两个阶段：第一阶段为 2004～2009 年，东部及东北部分地区处于空间相关性为高值地区与高值地区集聚；第二阶段为 2010～2018 年，我国全民健康覆盖高高集聚区域和高低集聚区域扩大。

（7）我国政府卫生支出对全民健康覆盖的短期效应不明显，无论是短期直接效应、短期间接效应，还是短期总效应，都没通过显著性检验。政府卫生支出对全民健康覆盖的长期直接效应未通过显著性检验，其长期直接效应和长期总效应为正，且分别通过 1%、5% 的显著性水平检验。说明政府卫生支出对全民健康覆盖短期无影响。长期影响中，总的来说人均政府卫生支出的增加会促进全民健康覆盖的提高，本地区人均政府卫生支出的增加会带动邻近地区全民健康覆盖的扩大，而对自己本地区的全民健康覆盖无显著影响。我国医药制造业的技术进步长期发展会抑制全民健康覆盖的增长，对邻近地区的全民健康覆盖的扩大产生负向作用。我国人口偏度对全民健康覆盖的长期影响起阻碍作用，本地区的人口偏度会抑制本地区的全民健康覆盖增长，但对邻近地区作用不明显。我国人均国内生产总值从长期来看，对全民健康覆盖有益。老龄化短期对全民健康覆盖无显著影响，会产生长期的显著负作用。人力资本对全民健康覆盖长期造成促进作用。

第6章

我国政府卫生支出对全民健康覆盖的间接效应分析

根据第 2 章的理论分析，政府卫生支出在影响全民健康覆盖的过程中，健康产业升级发挥着重要作用。政府在卫生部门的投入变化，必然会带动健康服务的发展，直接影响全民健康覆盖。同时，政府卫生支出对全民健康覆盖的影响，既有基于直接扩大健康服务的直接影响，也有通过刺激健康产业升级，对全民健康覆盖的间接影响。本章通过引入健康产业升级的中介机制，分析政府卫生支出对全民健康覆盖的间接影响机理。

6.1　健康产业结构升级的测度

《"健康中国 2030"规划纲要》（以下简称《纲要》）明确规定健康产业发展为中国五大卫生事业之一，强调转变战略目标，健康产业部门成为国民经济的主要部门。《纲要》强调，中国健康产业的发展需要从小范围的"医疗卫生服务业"转变为广义的"大健康产业"，不仅是医疗卫生服务业，也是以预防疾病、治疗疾病、健康为核心的健康产业。本章将对健康产业进行分类，并测度其规模现状以及结构升级情况。

6.1.1　健康产业统计分类

健康产业是以生物技术、医学、健康和生命科学为核心的生产活动的集合体，以维持健康、改善和推进人类健康为目的，为大众提供产品（商品和服务）。卫生产业分类原则是将发展健康产业的政策要求与我国新模式健康产业相结合，以补充我国健康产业的发展，丰富医疗卫生服务业的内容，按照国际标准和我国健康产业发展的政策要求，依据卫生服务的分类方法，由欧盟卫生署和世界卫生组织共同制作，还参考了泛美保健机构（PAHO）《卫生卫星账户手册》的分类方法。

健康产业分类是由国家统计局于 2019 年根据《国民经济行业分类》（GB/T 4754—2017）的对应关系，将其范围确定为：健康事务、健康环境管理与科研技术服务，医疗卫生服务，健康促进服务，健康人才教育与健康知识普及，智慧健康技术服务，健康保障与金融服务，药品及其他健康产品流通服务，其他与健康相关服务，医药制造，健康用品、器材与智能设备制造，医疗仪器设备及器械制造，医疗卫生机构设施建设，中药材种植、养殖和采集等 13 个大类。本书将这 13 个大类分为健康农业、健康工业以及健康服务业三部分。详情见表 6 - 1。

表 6 - 1　　　　　　　　　　　　健康产业统计分类

分类	产业明细
健康农业	中药材种植、养殖和采集
健康制造业	医药制造
	医疗仪器设备及器械制造
	医疗卫生机构设施建设
	健康用品、器材与智能设备制造
健康服务业	医疗卫生服务
	健康事务、健康环境管理与科研技术服务
	健康人才教育与健康知识普及
	健康促进服务
	健康保障与金融服务
	智慧健康技术服务
	药品及其他健康产品流通服务
	其他与健康相关服务

其中，健康农业包含中药材种植、养殖和采集业等健康产业。健康制造业包含医药制造业、医疗仪器设备及器械制造业、医疗卫生机构设施建设以及健

康用品、器材与智能设备制造业等健康产业。健康服务业包含医疗卫生服务业，健康事务、健康环境管理与科研技术服务业，健康人才教育与健康知识普及业，健康促进服务业，健康保障与金融服务业，智慧健康技术服务业，药品及其他健康产品流通服务业，其他与健康相关服务业等健康产业。具体情况可见附录1。

党的十八届五中全会明确指出要大力发展健康产业，建立起体系完整结构优化的健康产业体系。对健康产业规模现状进行分析能够更加清晰地观察到我国健康产业发展情况。鉴于数据的可获得性，以及北京、天津、上海、海南、青海、西藏六个地区数据缺失，本节选取 2004～2018 年全国除港澳台地区外的其他 25 个地区作为数据样本。所有指标的原始数据来源于《中国第三产业统计年鉴》《中国金融年鉴》《中国财政年鉴》《中国统计年鉴》《中国农业统计年鉴》《中国卫生健康统计年鉴》等相关资料。健康第一产业包括以中药材种植产业、森林药材种植为主的健康农业；健康第二产业包括以医药制造业为主的健康工业；健康第三产业包括以卫生机构收入、医疗基金收入、林业旅游业为主的健康服务业。健康产业构成情况如表 6-2 所示。

表 6-2　　　　　　　　　　　　　健康产业构成

健康产业	健康第一产业	中药材种植（产值）
		森林药材种植（产值）
	健康第二产业	医药制造业（主营业务收入）
	健康第三产业	卫生机构（收入）
		医疗基金（收入）
		林业旅游与休闲服务（产值）

6.1.2　健康产业结构升级统计测度

产业升级是一个复杂的动态过程，总体规模的增加并不能反映产业结构发展的过程，通过三次产业之间相互促进、协调发展以促进我国经济的持续发展。鉴于此，本书将计算健康产业结构优化指数来反映我国健康产业结构升级的情况。

产业结构优化升级指数（PROTERTIARY）：是指产业素质与效率的提高

和产业结构的改善。现有研究中对产业结构升级指数有不同的测度方法，例如：汪伟（2015）运用制造业中资本技术密集型行业的产值占比表征制造业内部的产业结构由劳动密集型向资本技术密集型产业结构升级；任爱华等（2017）选取第三产业增加值及其增长率、第三产业就业人数比重反映产业升级情况；程德智（2017）运用金融业占第三产业比重等来表示产业结构升级指标；毛军等（2014）构建 arccos 指数测度产业升级程度。由于本书关注全民健康覆盖情况，所涉及的健康预防、健康治疗、健康服务以及健康金融针对健康第三产业内容，因此本书的健康产业结构升级指数用健康第三产业占总健康产业比值来表示，主要表现为三次产业所占比重沿着第一、第二、第三产业的顺序不断上升。具体过程如下。

6.1.2.1　模型设定

本节运用健康产业产值 TI_{it} 以及健康第三产业产值 $TERI_{it}$ 的比值来反映健康结构升级，具体公式为：

$$PROTERTIARY_{it} = \frac{TERI_{it}}{TI_{it}} \qquad (6-1)$$

其中，i 表示的是各地区，t 代表不同年份。

6.1.2.2　健康产业规模现状分析

健康产业结构升级为本节的重要解释变量，本节将对健康产业规模以及健康产业结构升级情况进行描述和比较分析，为下步实证检验做前期准备。

我国健康第一产业以健康农业为主，健康第二产业以健康工业为代表，健康第三产业以健康服务休闲业为主要发展对象。为了能更好地分析我国健康产业结构升级情况，了解我国健康产业规模现状是非常有必要的。表 6 - 3 反映了我国健康产业产值规模现状。

表 6 - 3　　　　　　　**2004 ~ 2018 年我国健康产业产值**　　　　　　单位：亿元

年份	健康第一产业	健康第二产业	健康第三产业	总健康产业
2004	405.27	2539.90	5498.94	8444.11
2005	449.26	3435.70	5845.63	9730.59
2006	454.48	4070.31	6731.22	11256.01
2007	523.38	5224.74	10053.88	15802.00

续表

年份	健康第一产业	健康第二产业	健康第三产业	总健康产业
2008	585.93	6591.55	11164.57	18342.04
2009	776.83	8078.11	14094.24	22949.17
2010	899.17	10240.80	16524.26	27664.24
2011	1157.57	13132.90	20436.92	34727.39
2012	1409.42	15705.40	26292.28	43407.10
2013	1693.14	19529.70	30917.00	52139.84
2014	1978.17	21360.90	36097.84	59436.91
2015	2264.47	23600.29	41438.34	67303.10
2016	2475.73	25919.11	47675.03	76069.87
2017	2738.00	30282.16	57459.23	90479.40
2018	3533.34	21526.98	66645.94	91706.26

资料来源:整理自《中国第三产业统计年鉴》《中国金融年鉴》《中国财政年鉴》《中国统计年鉴》《中国农业统计年鉴》以及《中国卫生健康统计年鉴》。

从表6-3中可以看出,我国健康第一产业由2004年的405.27亿元增长至2018年的3533.34亿元,并且在2011年突破1000亿元大关,达到1157.57亿元。我国健康第二产业由2004年的2539.9亿元增长至2018年的21526.98亿元,同时在2010年突破10000亿元大关,达到10240.8亿元。值得注意的是,健康第二产业在2004～2017年逐步上涨,在2018年健康第二产业有所调整,产值大幅下降。结合我国医药制造业的发展特点,本书认为我国医药制造业目前面临经营压力大、药品整体价格水平下降的困境,随着信息化的发展,我国医药企业到了加速创新转型的时点。我国医药制造业一直以低技术附加值的低水平仿制为主,随着医保红利的消失,医药研发能力无法满足市场对高品质医药的需求,医药制造业产值大幅下降。关注我国健康第三产业的发展,可以发现我国健康第三产业产值由2004年的5498.94亿元快速增长至2018年的66645.94亿元,增长超过12倍。我国健康产业在这14年间实现快速增长,由2004年的8444.11亿元增长至2018年的91706.26亿元。从图6-1也可以看出,我国健康产业保持增长的势头,其中健康第三产业增长速度最快,健康第一产业增长较为平缓。在产业结构占比中,健康第三产业在总健康产业中所占的比重一直为最大,其次为健康第二产业。

（亿元）

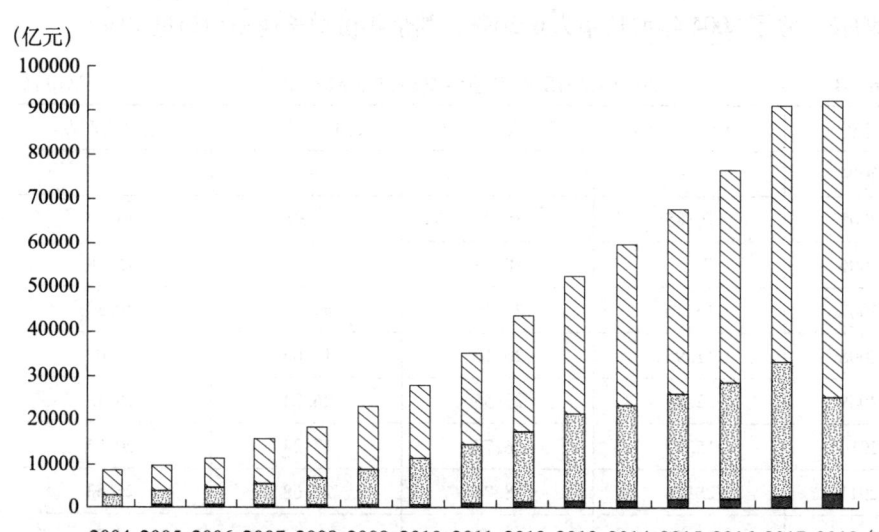

图6-1　2004~2018年我国健康产业产值总量及其结构

资料来源：整理自《中国第三产业统计年鉴》《中国金融年鉴》《中国财政年鉴》《中国统计年鉴》《中国农业统计年鉴》以及《中国卫生健康统计年鉴》。

从表6-4可以看出我国健康产业增长率的变化情况。我国健康产业在2004~2018年一直保持增长趋势，其中在2007年增幅最大，达到了40.39%，究其原因是第三健康产业在2007年实现了49.36%的增长速度。我国健康产业在2009~2013年一直保持20%以上的增幅，这与我国政府对健康产业的持续刺激有关。自2007年新一轮医疗体制改革以来，我国政府大力增加对健康产业的投入，鼓励发展健康产业。观察我国第一健康产业的发展，可以发现我国第一健康产业在2009年增幅最大，达到了32.58%，其次为2011年达到28.74%，之后增速放缓，降至2017年的10.59%，在2018年实现高速增长，增速达到29.05%。我国第二健康产业在2005年增速最快，高达35.27%，在此之后2007~2013年一直保持20%以上的增长速度，但在2014~2016年增速降至10%左右，并且在2018年我国第二健康产业产值迅速下跌，较上一年相比，产值跌幅28.91%。我国第三健康产业一直是总健康产业中占比最大的部分，其产值的变化对总健康产业的影响明显。第三健康产业在2004~2018年一直保持高速增长，除了 2004 年增长率为 6.30%，其余年份增长速率均超过 10%。

表 6 − 4　　　　　　　2004～2018 年我国各健康产业增长率　　　　单位:%

年份	健康第一产业	健康第二产业	健康第三产业	总健康产业
2004	—	—	—	—
2005	10.85	35.27	6.30	15.24
2006	1.16	18.47	15.15	15.68
2007	15.16	28.36	49.36	40.39
2008	11.95	26.16	11.05	16.07
2009	32.58	22.55	26.24	25.12
2010	15.75	26.77	17.24	20.55
2011	28.74	28.24	23.68	25.53
2012	21.76	19.59	28.65	24.99
2013	20.13	24.35	17.59	20.12
2014	16.83	9.38	16.76	14.00
2015	14.47	10.48	14.79	13.23
2016	9.33	9.83	15.05	13.03
2017	10.59	16.83	20.52	18.94
2018	29.05	− 28.91	15.99	1.36

资料来源：整理自《中国第三产业统计年鉴》《中国金融年鉴》《中国财政年鉴》《中国统计年鉴》《中国农业统计年鉴》以及《中国卫生健康统计年鉴》。

为了能更好地观察我国健康产业变化情况，图 6 − 2～图 6 − 4 对我国健康产业产值进行省份排名比较，从图 6 − 2 中可以看出我国第一健康产业 2004～2008 年平均值各省份排名情况，其中新疆排名最低，其次为江苏、江西、内蒙古等地，排名较高的省份为云南、湖南、河南与吉林等地。图 6 − 3 为我国第二健康产业 2004～2018 年产值平均值排名情况，从图中可以看出，我国第二健康产业产值平均值排名最低的地区为宁夏、新疆、甘肃等西部地区，排名较高的省份为山东、江苏、河南等东部地区。通过纵向比较可以看出，我国第二健康产业各省份平均值差值较大，最高的山东省为 2263.88 亿元，最低的新疆维吾尔族自治区仅有 26.84 亿元。从图 6 − 4 我国第三健康产业各地区 2004～2018 年产值平均值排名分布情况可以看出，我国第三健康产业产值平均值排名较低的地区为宁夏、甘肃、内蒙古等西部地区，排名较高的为广东、浙江、江苏等东部地区。

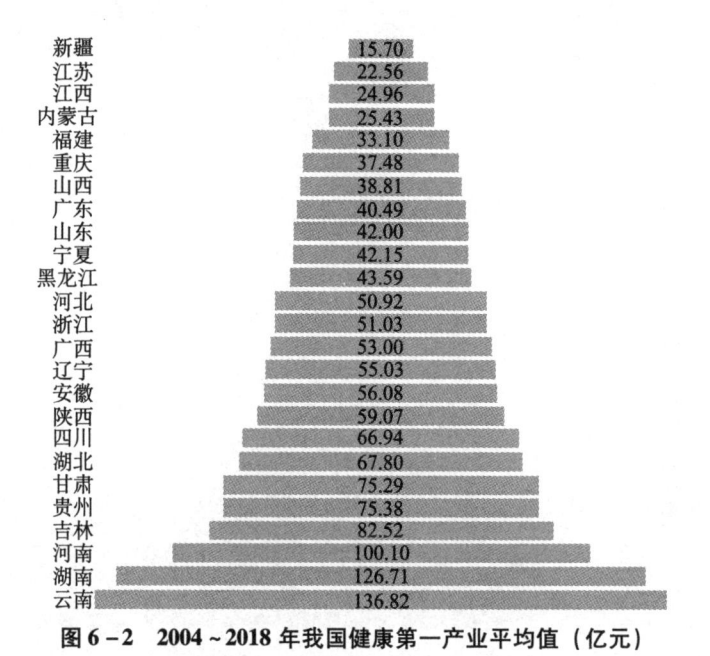

图 6 - 2 2004～2018 年我国健康第一产业平均值（亿元）

资料来源：整理自《中国第三产业统计年鉴》《中国金融年鉴》《中国财政年鉴》《中国统计年鉴》《中国农业统计年鉴》以及《中国卫生健康统计年鉴》。

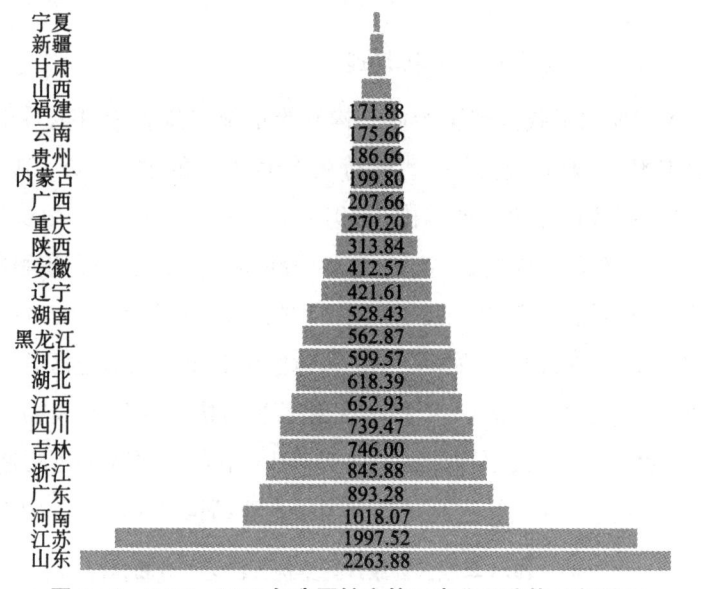

图 6 - 3 2004～2018 年我国健康第二产业平均值（亿元）

资料来源：整理自《中国第三产业统计年鉴》《中国金融年鉴》《中国财政年鉴》《中国统计年鉴》《中国农业统计年鉴》以及《中国卫生健康统计年鉴》。

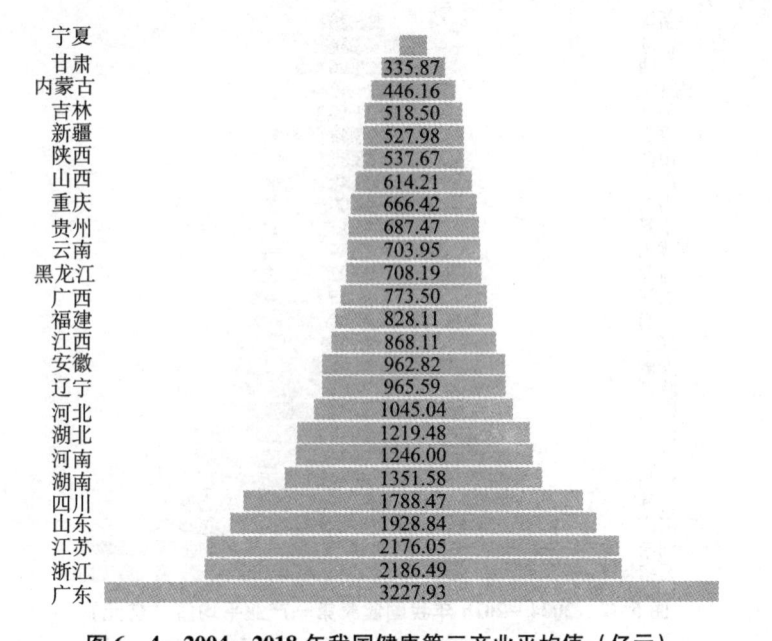

图6-4 2004~2018年我国健康第三产业平均值（亿元）

资料来源：整理自《中国第三产业统计年鉴》《中国金融年鉴》《中国财政年鉴》《中国统计年鉴》《中国农业统计年鉴》以及《中国卫生健康统计年鉴》。

6.1.2.3 健康产业结构升级现状描述

表6-5中反映了我国健康产业结构升级情况，从表中可以看出，2004~2017年我国健康产业升级指数一直保持在0.65左右的水平，在2018年指数上升至0.74，说明我国健康产业结构在2018年升级状况良好。从区域分布情况可以看出，西部产业升级指数高于东部和中部地区，东北地区的健康产业升级情况排名较为靠后。近年来，我国加快西部大开发的进程，大力扶持西部建设，同时为完成党中央脱贫攻坚任务，保障民生健康，西部地区健康服务业发展迅猛。值得关注的是，2018年我国健康产业结构升级情况大幅上升，其中东北地区最为明显。究其原因，本书认为2018年东北地区医药制造业产值大幅下降、医疗基金收入大幅上升是造成健康产业结构升级的主要因素。

表6-5　　　　　　2004~2018年我国健康产业结构升级区域分布情况

年份	平均值	东部平均值	中部平均值	东北平均值	西部平均值
2004	0.66	0.64	0.68	0.63	0.66

续表

年份	平均值	东部平均值	中部平均值	东北平均值	西部平均值
2005	0.62	0.59	0.63	0.57	0.65
2006	0.62	0.59	0.62	0.58	0.67
2007	0.66	0.62	0.68	0.62	0.70
2008	0.64	0.61	0.63	0.60	0.69
2009	0.65	0.62	0.64	0.59	0.70
2010	0.63	0.60	0.59	0.57	0.70
2011	0.62	0.61	0.60	0.54	0.69
2012	0.64	0.62	0.61	0.57	0.71
2013	0.63	0.61	0.60	0.56	0.71
2014	0.64	0.63	0.61	0.57	0.71
2015	0.65	0.64	0.62	0.60	0.71
2016	0.66	0.65	0.63	0.63	0.71
2017	0.66	0.68	0.67	0.51	0.71
2018	0.74	0.73	0.73	0.73	0.77

资料来源：整理自《中国第三产业统计年鉴》《中国金融年鉴》《中国财政年鉴》《中国统计年鉴》《中国农业统计年鉴》以及《中国卫生健康统计年鉴》。

6.2　政府卫生支出对健康产业结构升级的影响分析

在现有产业结构升级影响因素的文献中，一般采用不同的数据类型，如时间序列、横截面数据或面板数据，同时研究方法主要基于单位根准则，这可能导致建模的误差和结论偏差，实际上各种因素对产业结构升级的影响更加复杂，为了更有效地研究各种因素和产业结构的升级关系，本部分采用半参数方法进行产业结构升级影响分析，这具有现实意义。

6.2.1　模型构建

哈斯蒂和提比什拉尼（Hastie & Tibshirani, 1986）提出的广义可加模型（GAM）表示变量之间的非线性关系。假设变量分布是无限制的，广义可加模型的出现不仅有助于更好地理解这种非线性关系，而且更好地避免维度增加出现的计算问题。本节将广义线性模型定义如下：

$$g(\eta) = \alpha + \beta_1 x_1 + \beta_2 x_2 + \cdots + \beta_p x_p \qquad (6-2)$$

其中，$\eta = E\ (Y \mid X_1 \cdots X_p)$，$g$ 为链结函数，结合由斯通（Stone，1985）最早提出的可加模型，用非参数的形式来描述自变量和因变量的关系：

$$E(Y \mid X_1 \cdots X_p) = S_0 + S_1(X_1) + S_2(X_2) + \cdots + S_p(X_p) \qquad (6-3)$$

其中，S_i，$i = 1, 2, \cdots, n$，称为光滑函数。两种方法结合起来，广义可加模型标准形式如式（6-3）所示。

$$g(\eta) = S_0 + S_1(X_1) + S_2(X_2) + \cdots + S_p(X_p) \qquad (6-4)$$

其中，$\eta = E\ (Y \mid X_1 \cdots X_p)$，$g$ 为链结函数，S_i，$i = 1, 2, \cdots, n$，称为光滑函数。

模型中不必每一项都是非线性的，可以纳入线性等参数项，因此该模型在实际应用中可以进一步拓展。这样就出现了半参数可加模型（semi parametric generalized additive model，SGAM）：

$$g(\eta) = s_0 + \sum_{j=1}^{q} s_j(X_j) + \sum_{j=q+1}^{p} \beta_j X_j + \varepsilon \qquad (6-5)$$

其中，β_j 为模型中因变量可由解释变量表示的线性部分的回归参数。

6.2.2 变量选取与数据来源

为进一步验证政府卫生支出规模对健康产业结构升级的影响，本书选取健康产业结构升级（proportion of health industry，PROTERTIARY）作为被解释变量、地方人均政府卫生支出作为被主要解释变量。同时，在参考现有关于产业结构升级影响因素的研究基础上，选取技术进步、人力资本、人口偏度、人均医疗保健支出、老龄化等指标作为控制变量。

产业结构升级（PROTERTIARY）：本书运用第三健康产业产值占健康产业产值比来反映产业结构升级情况。

人均政府卫生支出规模（per capita government health expenditure，perghe）：地方政府在卫生事业中的投入，为财政拨款。本书选取人均政府卫生支出来反映政府卫生支出规模。

技术进步（technological progress，TP）：产业的发展与技术进步程度息息相关，因此本书选取医药制造业拥有发明专利数/医药制造业企业个数反映地方技术进步水平。

人口偏度（population skewedness，PS）：随着工业化和城市化的发展，人口逐渐独立于自然资源和经济，人口的发展有助于城市发展和经济增长。鉴于此，本书选取人口偏离度（常住人口/户籍人口）来衡量。

人力资本（human capital，HC）：人力资本体现了城市人力资本水平，劳动力质量越高，越能促进产业向更先进的产业转变。人力资本的积累主要是通过教育投资实现的，人力资本的积累越高，对产业的支援贡献就越大。本书选取各地区平均受教育年限来衡量。

经济差距（economic gap，EG）：反映的是各地区的经济发展情况，本书选取各地区人均 GDP/全国人均 GDP 来衡量经济差距。

人均医疗保健支出（per capita private health expenditure，PHE）：居民在医疗保健中的花费对健康产业结构升级有着重要影响，本书选取人均医疗保健支出来衡量居民医疗服务消费。

老龄化（old-age dependency ratio，OLD）：地区老龄化程度是否影响该地区的健康产业构成是本书关注的对象之一。本书选取老年人口抚养比，即 65 岁以上人口/15~65 岁人口来衡量老龄化程度。

由于部分省份数据缺失，本节选取 2004~2018 年全国经剔除香港、澳门、台湾、北京、天津、上海、海南、青海以及西藏后的 25 个地区作为数据样本。所有指标的原始数据来源于《中国第三产业统计年鉴》《中国金融年鉴》《中国财政年鉴》《中国统计年鉴》《中国农业统计年鉴》《中国卫生健康统计年鉴》等相关资料。各变量的描述性统计分析结果如表 6-6 所示。

表 6-6　　　　　　　　产业结构升级及其影响因素描述性统计

变量	N	最小值	中值	均值	最大值	标准差
产业结构升级	375	0.233	0.659	0.650	0.962	0.121
人均政府卫生支出	375	0.295	4.521	5.011	15.342	3.631
技术进步	375	0.176	1.354	1.992	10.074	1.719
人口偏度	375	0.798	1.000	0.986	1.227	0.077
人力资本	375	6.378	8.599	8.534	10.105	0.730

续表

变量	N	最小值	中值	均值	最大值	标准差
人均医疗保健支出（百元）	375	1.110	6.086	6.987	20.200	4.113
老龄化	375	7.440	12.870	13.140	22.690	2.760
经济差距	375	0.350	0.875	0.977	2.009	0.367

6.2.3 实证检验与结果分析

6.2.3.1 单因素分析

根据前面模型，我们将分析影响健康产业结构升级变量的每一个影响因素，在选择一个变量的同时，采用平滑样条模型来分析每一个变量，结果显示在表6-7。人均医疗保健支出（PHE）的自由度为1，其他自变量的自由度均大于1。如果变量的自由度解释为1，我们认为变量解释和变量之间存在线性关系；如果变量的自由度大于1，我们认为变量之间存在非线性关系。自由度越大，非线性关系越明显。说明人均医疗保健支出对健康产业结构升级的影响为线性影响，政府卫生支出、技术进步、人口偏度、人力资本、经济差距以及老龄化程度对健康产业结构升级的影响为非线性影响。

通过观察各自变量对因变量的拟合优度及显著性检验，发现人力资本（EG）结果不显著，其余自变量均通过了统计学意义显著性检验。因此，本节采用半参数模型（SGAM）进一步验证产业结构升级影响因素之间的非线性关系。

表6-7　健康产业结构升级单因素的半参数可加模型假设检验结果

变量	估计自由度	参考自由度	P值	方差解释率（%）
$s(perghe)$	2.194	2.76	0.00	5.29
$s(TP)$	5.19	6.30	0.00	6.40
$s(PS)$	1.90	2.37	0.01	3.06
$s(HC)$	1.50	1.86	0.69	0.36
$s(PHE)$	1.00	1.00	0.45	0.16
$s(EG)$	6.52	7.68	0.00	10.50
$s(ODR)$	8.34	8.88	0.00	13.50

6.2.3.2　正态检验

在回归分析之前，有必要确定变量是否正态分布，是否适合模型。本节对产业结构升级指数进行正态检验，结果如图 6 - 5 所示。

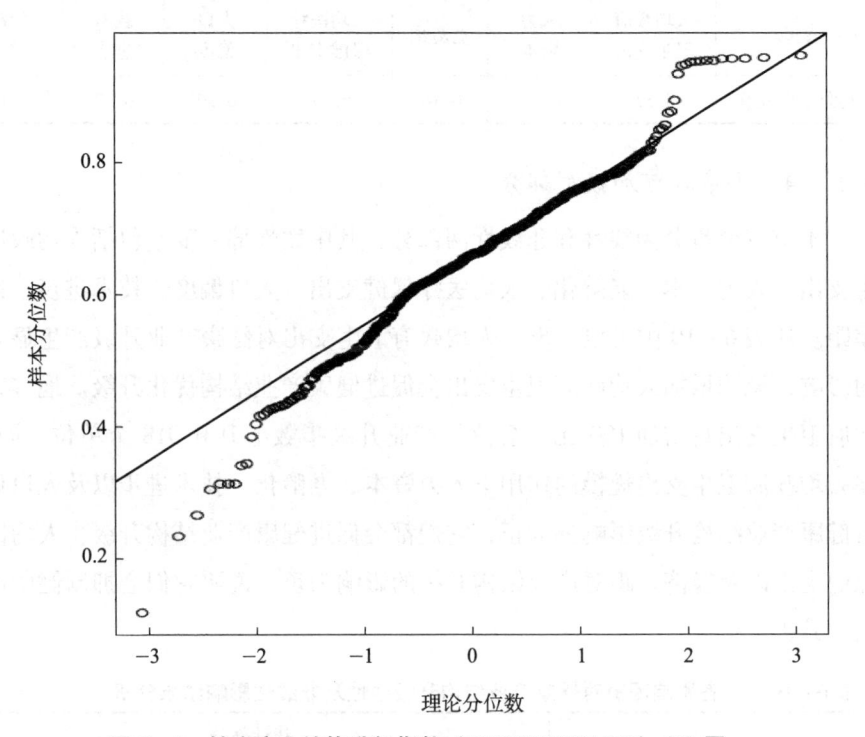

图 6 - 5　健康产业结构升级指数（PROTERTIARY）QQ 图

观察检验结果，PROTERTIARY 为正偏态分布，故本书用半参数可加模型来代替传统线性模型。表 6 - 8 进一步验证这一结论。

表 6 - 8　　　　　　　　健康产业结构升级指数正态分布检验结果

变量	偏度	峰度	W 值	P 值
产业结构升级指数	- 0.13	0.78	0.98	0.00

6.2.3.3　共曲线性检验

如果变量之间存在共线性，模型的测度可能会出现问题，影响模型的适应效果。通常通过调整模型中的两个变量 R（相关系数）和 R2（决策系数）测试方法进行检验。如果绝对值 R 大于 0.5，即决策系数大于 0.25，则具有共曲线性。表 6 – 9 表示 7 个变量之间的总线性关系，变量方程式的相关系数均小于 0.5，因此本书可以忽略变量之间的共曲线性关系。

表 6 – 9   各变量间共曲线性检验结果

变量	人均政府卫生支出	人力资本	老龄化	人均医疗保健支出	人口偏度	技术进步	经济差距
共曲线性检验	0.37	0.36	0.18	0.47	0.29	0.47	0.14

6.2.3.4 半参数可加模型部分

本节将变量分为线性和非线性两部分，其中线性部分变量包括人均政府卫生支出、人力资本、老龄化、人均医疗保健支出、人口偏度、技术进步、经济差距。从表 6 – 10 中可以看出，人均政府卫生支出对健康产业升级产生显著正向影响，说明增加人均政府卫生支出会促进健康产业结构优化升级。地方人均政府卫生支出每增加 100 元，会使得产业升级指数上升 0.018 个单位。同时，在人均政府卫生支出规模的作用下人力资本、老龄化、技术进步以及人口偏度对健康产业结构升级影响都为正，它们都会促进健康产业结构升级。人均医疗保健支出以及经济差距对产业结构升级的影响为负，说明它们会抑制健康产业结构升级。

表 6 – 10   各影响因素对健康产业结构升级线性及非线性影响结果分析

变量	线性部分			
	估计值	标准误	T 值	P 值
截距	0.047	0.182	0.256	0.798
人均政府卫生支出	0.018	0.004	5.010	0.000
人力资本	0.002	0.013	0.153	0.878
老龄化	0.001	0.003	0.278	0.781
人均医疗保健支出	– 0.018	0.004	– 4.634	0.000
人口偏度	0.680	0.123	5.523	0.000
技术进步	0.013	0.006	2.406	0.017
经济差距	– 0.093	0.022	– 4.198	0.000

续表

变量	非线性部分			
	估计自由度	参考自由度	F值	P值
人均政府卫生支出	6.605	7.743	6.643	0.000
人力资本	1.760	2.242	2.243	0.106
老龄化	8.106	8.781	4.753	0.000
人均医疗保健支出	4.260	5.334	7.314	0.000
人口偏度	6.310	7.404	4.902	0.000
技术进步	4.372	5.421	2.374	0.035
经济差距	8.514	8.910	8.304	0.000

　　从政府卫生支出对健康产业结构升级的非线性影响结果中，我们可以得出，各影响因素的估计自由度都大于1，说明它们对健康产业升级都会产生非线性影响。且人均政府卫生支出、老龄化、人均医疗保健支出、人口偏度、技术进步及经济差距都通过了显著性检验。但因为半参数加性模型的非线性部分不能完全反映每个变量对健康产业发展的综合影响，本书将建立一个综合半参数加性模型来研究人均政府卫生支出对这一发展的影响。

6.2.3.5　半参数可加综合模型部分

　　通过表6-11可以看出，在人均政府卫生支出的共同影响下，除了人力资本，其余变量对健康产业结构升级的影响均通过显著性检验。

表6-11　　　　各影响因素对健康产业结构升级综合效应假设检验结果

变量	线性部分			
	估计值	标准误	T值	P值
(Intercept)	0.791	0.029	26.911	0.000
PHE	−0.020	0.004	−4.882	0.000
变量	**非线性部分**			
	估计自由度	参考自由度	F值	P值
s(perghe)	6.205	7.380	5.649	0.000
s(HC)	2.291	2.953	2.137	0.110
s(ODR)	7.918	8.695	5.360	0.000
s(PS)	6.294	7.391	4.950	0.000

续表

变量	非线性部分			
	估计自由度	参考自由度	F 值	P 值
$s(TP)$	4.281	5.318	1.878	0.094
$s(EG)$	8.501	8.911	9.315	0.000

从图 6-6 中我们可以看出，政府卫生支出对健康产业结构升级的非线性影响为平稳增长型，说明人均政府卫生支出对健康产业升级为正向影响。在初始阶段，随着人均政府卫生支出的增长，对健康产业结构升级的正向影响增强；当人均政府卫生支出达到 200 元左右时，对其正向影响的增速逐步放缓；当人均政府卫生支出达到 500 元左右时，其对健康产业结构升级的正向影响处于急速上升阶段；当人均政府卫生支出大于 1300 元时，其在改善健康产业结构升级的作用逐渐减弱，但持续促进健康产业升级。

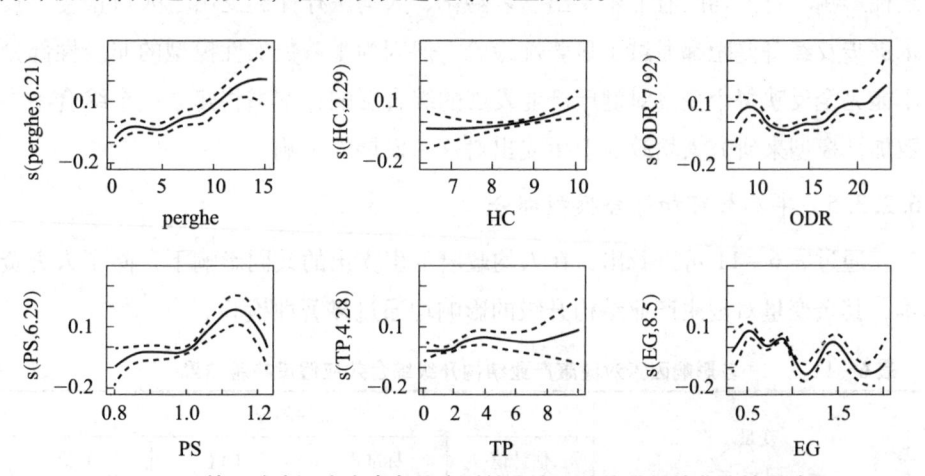

图 6-6　基于政府卫生支出各因素对健康产业结构升级的非线性影响

人力资本对健康产业结构升级的影响为"先缓后急"的增长趋势，表明人力资本的提高会促进健康产业结构升级，人力资本水平越高，对健康产业结构升级的促进作用越明显。在平均受教育年限小于 8.5 年时，人力资本对健康产业结构升级的影响较为平缓；在平均受教育年限达到 8.5 年左右，人力资本对健康产业结构升级的影响程度逐渐增强。

人口老龄化程度对健康产业结构升级的非线性影响为"N"型，先增后减再增。当老年人口抚养比达到 9.2 左右，对健康产业结构升级的促进作用逐渐增强；当老年人口抚养比在 9.2 ~ 13 之间时，对健康产业结构升级的影响越来越弱；老龄化程度超过 13 时，对健康产业结构升级的影响就越大。

人口偏度对健康产业结构升级的非线性影响前期平缓，后期为一个倒"U"型曲线，表明人口偏度低于 1.03 的水平时，健康产业结构升级的积极作用并不明确，而当其水平位于 1.03 ~ 1.15 之间时，对健康产业结构升级的促进作用增强，当人口偏度大于 1.15 时，对健康产业结构升级的影响产生抑制作用。

技术进步对健康产业结构升级的非线性影响为"N"型曲线，在技术进步水平初级阶段，医药制造业的专利数达到 4 项/企业时，对健康产业结构升级的影响为正向，医疗卫生领域的技术进步有益于健康产业升级。在医药制造业的专利数为 4 项/企业至 6 项/企业时，技术进步水平对健康产业结构升级的影响略有下降。在技术进步水平达到 6 项/企业以上时，其对健康产业结构升级产生正向影响。

经济差距对健康产业结构升级的非线性影响是先"M"后"U"变化。经济差距约 0.55、0.9 和 1.45 时，健康产业结构升级的积极影响达到了顶峰，为 1.2 和 1.75 左右的经济差距，影响较弱。超过 1.75，对健康产业结构升级又持续产生积极影响。

人均医疗保健支出对全民健康覆盖的线性影响为负，且通过了 1% 显著性检验。说明人均医疗保健支出的增加会抑制健康产业结构升级的发展，人均个人卫生支出每增加 1 个单位，健康产业结构升级指数下降 0.02 个单位。由于我国健康产业发展还处于初级阶段，主要依赖于政府的刺激，而个人卫生支出的增加，居民消费的刺激作用无法释放作用。

6.3　政府卫生支出对全民健康覆盖的中介效应分析

前面从理论上分析了政府卫生支出对全民健康覆盖具有中介效应，本节首先将通过实证分析验证政府卫生支出对全民健康覆盖的直接影响；其次将测度健康产业升级对全民健康覆盖的直接影响；最后测度政府卫生支出与健康产业升级对全民健康覆盖的总效应，以及基于健康产业升级为中介因素的全民健康覆盖非线性中介效应。

6.3.1 变量选取和模型的构建

6.3.1.1 变量选取

本节选取 2004～2018 年全国除香港、澳门、台湾、北京、天津、上海、海南、青海以及西藏后的 25 个地区作为数据样本。健康产业结构升级指数作为影响全民健康覆盖的中介变量，政府卫生支出为解释变量。政府在卫生部门的投入直接作用于公共卫生服务，会对全民健康覆盖产生直接影响，而居民在医疗保健中的花费对全民健康覆盖同样有着重要影响。同时，全民健康覆盖的实施依赖于医疗技术的发展，且健康服务所覆盖的人口随着人口迁移有所改变，而一个地区的经济发展情况影响着当地的公共卫生建设，进而影响全民健康覆盖情况。当不同地区的人口结构不同时，标志着这个地区健康服务所要覆盖的人口不同，儿童青少年所需的疫苗服务、孕期妇女所需的孕期诊疗服务、老年人所需的养老医疗服务都具有针对性。本书认为，居民受教育程度反映了一个城市的人力资本禀赋的高低，劳动力的质量越高，越能向医疗服务市场输送有效劳动力，支撑健康覆盖发展的贡献也就越大。

本节选取技术进步、人口偏度、人力资本、经济差距、人均医疗保健支出以及人口老龄化程度作为控制变量，研究我国全民健康覆盖影响因素。所有指标的原始数据来源于《中国第三产业统计年鉴》《中国金融年鉴》《中国财政年鉴》《中国统计年鉴》《中国农业统计年鉴》《中国卫生健康统计年鉴》等相关资料。

6.3.1.2 模型构建

传统意义上，中介效应为线性结构方程模型（LSEM）下设定的框架，其因果逐步回归分析法如式（6-6）、式（6-7）和式（6-8）所示：

$$Y_i(T_i, M_i(T_i)) = \alpha_1 + \beta_1 T_i + \xi_1^{\mathrm{T}} X_i + \varepsilon_{i1}(T_i, M_i(T_i)) \qquad (6-6)$$

$$M_i(T_i) = \alpha_2 + \beta_2 T_i + \xi_2^{\mathrm{T}} X_i + \varepsilon_{i2}(T_i) \qquad (6-7)$$

$$Y_i(T_i, M_i(T_i)) = \alpha_3 + \beta_3 T_i + \gamma M_i + \xi_3^{\mathrm{T}} X_i + \varepsilon_{i3}(T_i, M_i(T_i)) \qquad (6-8)$$

$$S_{\beta_2\gamma} = \sqrt{\hat{\beta}_2^2 S_{\beta_2}^2 + \hat{\gamma}^2 S_{\gamma}^2} \qquad (6-9)$$

在此模型中，如果因变量 Y_i 与自变量 T_i 显著相关，则认为回归系数 β_1 显著，如果回归系数 β_1 不显著，则无回归意义。另外，在 β_1 显著的前提下依次对回归系数 β_2 与回归系数 γ 进行检验，当回归系数 β_2 与回归系数 γ 显著时，则认为存在中介效应，若其中一个不显著，则需要做 Sobel 检验，如式（6-9）所示，其中 S_{β_2}，S_γ 分别为 $\hat{\beta}_2$，$\hat{\gamma}$ 的标准误。最后对回归系数 β_3 进行检验，以验证是完全中介效应还是部分中介效应。式（6-6）中，系数 β_1 代表的是自变量 T_i 对因变量 Y_i 的总效应，式（6-7）与式（6-8）中，回归系数 β_2 和回归系数 γ 是中介变量 M_i 的中介效应，回归系数 $\bar{\zeta}(t)=\beta_3$ 是直接效应。示意图如图6-7所示。通过最小二乘法拟合线性方程 [式（6-6）~式（6-8）] 后，将系数 $\bar{\delta}(t)=\hat{\beta}_2\hat{\gamma}$ 作为估计方程的中介效应，其中 $t=0$，1。将 $\hat{\beta}_1-\hat{\beta}_3$ 作为线性方程的中介效应，因为 $\hat{\beta}_1=\hat{\beta}_2\hat{\gamma}+\hat{\beta}_3$ 和 $\beta_1=\beta_2\gamma+\beta_3$ 总是不变。因此，只要模型愿意采用线性和无交互假设以及序列可忽略性，系数乘积法就可以有效地估计因果中介效应。为了说明这一点，我们接下来将探索放宽无交互假设。朱迪和肯尼（Judd & Kenny，1981），以及克雷默等（Kraemer et al.，2008，2002），通过放宽无相互作用假设，提出了标准系数乘积法的替代方法。他们认为，假设治疗和中介之间没有相互作用通常是不现实的，并用以下替代规范替换方程，如式（6-10）所示，为有交互项时中介效应方程。

$$Y_i = \alpha_3 + \beta_3 T_i + \gamma M_i + \kappa\, T_i M_i + \xi_3^{\mathrm{T}} X_i + \varepsilon_{i3} \qquad (6-10)$$

克雷默等认为，除了 $\hat{\beta}_2$，$\hat{\gamma}$ 或 $\hat{\kappa}$ 必须统计上可区分以得出平均中介效应。此外，他们给出了平均直接效应和总效应，如式（6-11）和式（6-12）所示。

$$\bar{\zeta}(t) = \beta_3 + \kappa\,\{\alpha_2 + \beta_2 t + \xi_2^{\mathrm{T}} \mathbb{E}(X_i)\} \qquad (6-11)$$

$$\bar{\tau} = \beta_2\gamma + \beta_3 + \kappa\,\{\alpha_2 + \beta_2 + \xi_2^{\mathrm{T}} \mathbb{E}(X_i)\} \qquad (6-12)$$

对于 $t=0$，1 的一致估计，$\bar{\zeta}(t)$ 和 $\bar{\tau}$ 可以通过替换方程的系数与最小二乘估计和 $\mathbb{E}(X_i)$ 的样本平均值 $\bar{X}_i$，我们通过 $\bar{X}$ 表示。

而传统的逐步回归模型存在着许多问题，LSEM 结构存在无法使用特定中介效应统计模型外的结构问题，以及无法推广到非线性模型当中。本书借鉴伊迈、基尔和廷利（Imai, Keele & Tingley，2010）的方法，应用半参数方法来估计中介效应产生的非线性影响，式（6-13）代替式（6-8）可得：

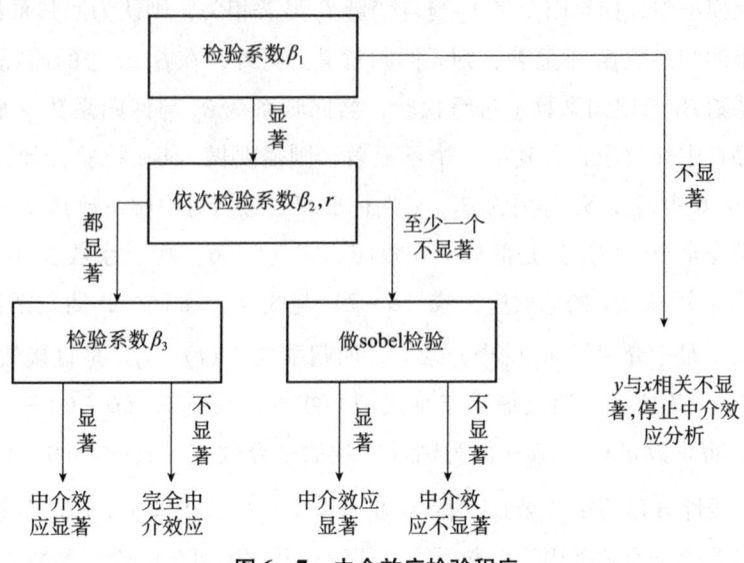

图 6 - 7　中介效应检验程序

$$Y_i = \alpha_3 + \beta_3 T_i + s(M_i) + \xi^T X_i + \varepsilon_{i3} \qquad (6-13)$$

其中，$s(\cdot)$ 是可估计数据非参数性的平滑非线性函数（如样条曲线）。在 LSEM 框架下 $s(\cdot)$ 被认为是一个线性函数。若存在交互项，在通过重新拟合模型后，我们建立以下方程：

$$Y_i = \alpha_3 + \beta_3 T_i + s_0(M_i)(1 - T_i) + s_1(M_i) T_i + \xi^T X_i + \varepsilon_{i3} \qquad (6-14)$$

基于式（6 - 13）和式（6 - 14），本节运用半参数中介模型探讨了基于健康产业结构升级为中介变量的政府卫生支出对全民健康覆盖的非线性影响。

6.3.2　政府卫生支出对全民健康覆盖的直接效应

政府卫生支出作为政府在卫生部门的财政投入，会直接作用于基本医疗卫生保障服务，对健康预防、健康治疗、健康服务及健康金融的覆盖产生直接效用。本节将对政府卫生支出对全民健康覆盖的直接效应进行分析。

6.3.2.1　单因素分析

我们分别对各影响全民健康覆盖的变量进行单因素分析，如表 6 - 12 所示。由表可知，所有自变量的自由度均大于 1，故在无健康产业升级中介变量下，政府卫生支出对全民健康的影响中，各变量均为非线性影响。

表 6 – 12   全民健康覆盖单因素的半参数可加模型假设检验结果

变量	估计自由度	参考自由度	P 值	方差解释率（%）
$s(perghe)$	4.04	5.02	0.00	74.40
$s(TP)$	5.51	6.65	0.00	61.60
$s(PS)$	3.08	3.85	0.00	7.70
$s(HC)$	3.59	4.50	0.00	64.40
$s(PHE)$	4.79	5.88	0.01	85.00
$s(EG)$	5.81	6.99	0.19	23.20
$s(ODR)$	2.48	3.14	0.00	10.60

6.3.2.2 正态检验

本节对全民健康覆盖指数进行正态检验，结果如图 6 - 8 所示。

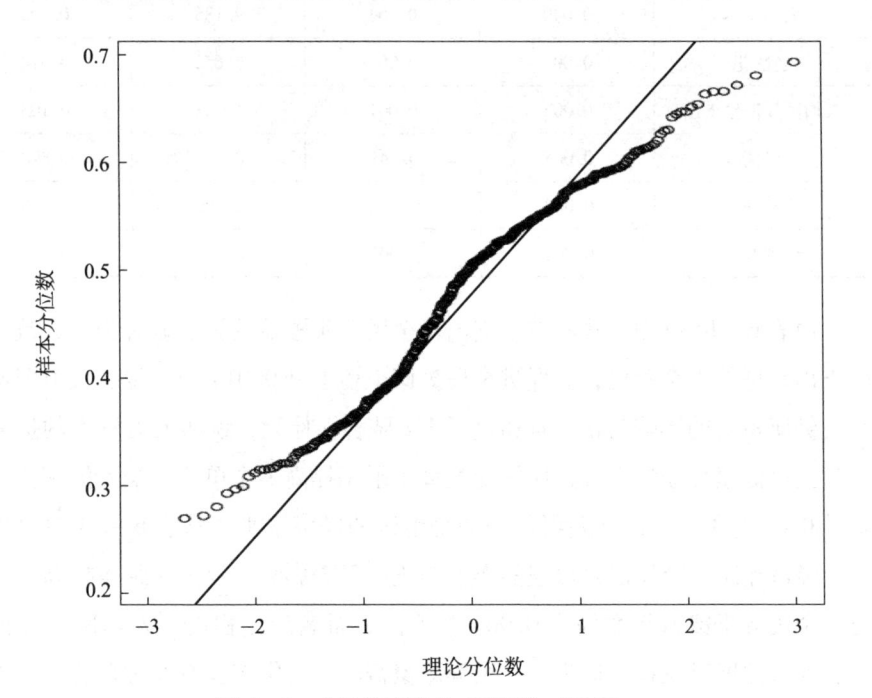

图 6 – 8 全民健康覆盖（UHC）QQ 图

从检验结果得出，本节使用广义可加模型，本节的全民健康覆盖指数服从正偏态分布。表 6 - 13 进一步验证了这一结论。全民健康覆盖指数的偏度不等于 0，进一步说明该指数为正偏态分布。

表 6 - 13   健康产业结构升级指数 QQ 图检验结果

变量	偏度	峰度	W 值	P 值
全民健康覆盖指数	- 0. 27	- 0. 78	0. 99	0. 00

6.3.2.3 实证结果分析

本部分将通过线性回归模型和广义可加模型讨论政府卫生支出对全民健康覆盖的影响，面板线性回归结果如表 6 - 14 所示。

表 6 - 14   各影响因素对全民健康覆盖影响线性回归结果

变量	估计值	标准误	T 值	P 值
截距	- 0. 015	0. 061	- 0. 255	0. 799
人均政府卫生支出	0. 014	0. 001	11. 265	0. 000
人力资本	0. 040	0. 004	9. 185	0. 000
老龄化	0. 001	0. 001	0. 652	0. 514
人均医疗保健支出	0. 002	0. 001	1. 633	0. 103
人口偏度	0. 005	0. 041	0. 128	0. 898
技术进步	0. 000	0. 002	0. 190	0. 849
经济差距	0. 064	0. 007	8. 579	0. 000

由表 6 - 14 可知，政府卫生支出对全民健康覆盖的影响显著为正，政府卫生支出每增加 1 个单位，会促进全民健康覆盖上升 0. 014 个单位。人力资本对全民健康覆盖的影响为正，且通过了 1% 显著性检验，说明人力资本的提高能带动全民健康覆盖的提升，居民受教育水平每提高 1 个单位，全民健康覆盖能提升 0. 04 个单位。经济差距代表的是地区的经济水平，从表 6 - 14 中可以看出，经济差距对全民健康覆盖的影响为正向显著影响，经济差距每提高 1 个单位，全民健康覆盖指数提高 0. 064 个单位。而老龄化程度、人均医疗保健支出、人口偏度以及技术进步对全民健康覆盖的线性影响没有通过显著性检验。

由于线性回归模型无法准确反映政府卫生支出以及各影响因素对全民健康覆盖的影响，故本节将通过广义加性模型探讨政府卫生支出以及各控制变量对全民健康覆盖的非线性影响，结果如表 6 - 15 所示。

表6-15　　　　　　　　各影响因素对全民健康覆盖影响非线性估计结果

变量	估计自由度	参考自由度	F 值	P 值
$s(perghe)$	3.974	4.966	29.465	0.000
$s(HC)$	4.375	5.451	6.274	0.000
$s(ODR)$	1.319	1.574	3.099	0.101
$s(PHE)$	3.326	4.236	3.796	0.004
$s(PS)$	8.779	8.976	6.323	0.000
$s(TP)$	4.803	5.895	2.254	0.046
$s(EG)$	7.826	8.612	18.817	0.000

从表6-15可以看出，政府卫生支出以及各变量对全民健康覆盖的估计自由度均大于1，且除了老龄化程度，其余均通过了显著性检验，说明政府卫生支出、人力资本、人均个人卫生支出、人口偏度、技术进步及经济差距等因素对全民健康覆盖的影响均为显著非线性效应。具体非线性影响效应如图6-9所示。

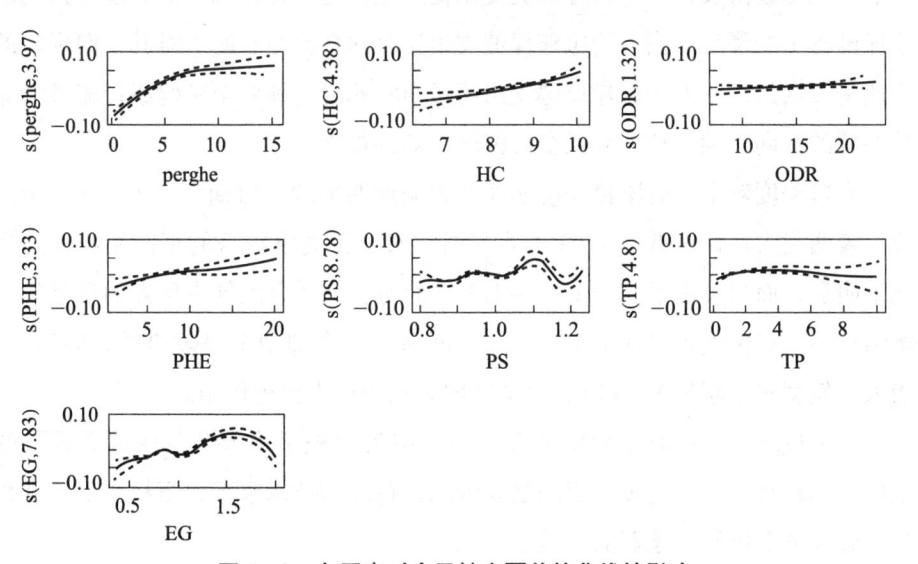

图6-9　各因素对全民健康覆盖的非线性影响

从图6-9中可以看出，政府卫生支出对全民健康覆盖的非线性影响为"先急后缓"增长型，说明政府卫生支出对全民健康覆盖为正向影响。在初始阶段，随着人均政府卫生支出的增长，对全民健康覆盖的正向影响增强；当人均政府卫生支出达到 500 元左右时，对其正向影响的增速逐步增强；当人均政府卫生支出大于 500 元时，其对全民健康覆盖的正向影响处于平缓上升阶段，持续促进全民健康覆盖。

在政府卫生支出的作用下，人力资本对全民健康覆盖的影响显著为正。改善全民健康服务的覆盖面、实现享有可达到的最高标准健康的权利，取决于医疗卫生保健服务的可获得性、可及性、可接受性和质量。加强人力资本积累不仅能建立强有力的医疗卫生复原力和卫生安全性，还能减少医疗卫生服务的脆弱性。在欠发达地区，提高卫生人力资源的供应能力，满足居民对医疗卫生服务的需求，对实现全民健康覆盖有积极作用。

人口老龄化程度对全民健康覆盖的作用为正向持续上升。近年来，我国老年人口比例上升，人口老龄化程度越来越严重。老年人口比例的上升催生了"老年经济"，进一步刺激了全民健康覆盖的发展。

人均医疗保健支出对全民健康覆盖的非线性影响为"先急后缓"的正向影响。在初期阶段，人均医疗保健支出促进全民健康覆盖的发展，随着人均医疗保健支出的增加，当人均医疗保健支出达到 600 元左右时，对其正向影响的增速持续增加；当人均医疗保健支出超过 600 元时，其对全民健康覆盖继续保持平缓的正向影响，持续刺激全民健康覆盖的加大。

人口偏度对全民健康覆盖的非线性影响前期平缓，后期为一个"N"型曲线，表明当人口偏度低于 1.03 的水平时，对全民健康覆盖的正向影响程度变化不明显；而当其水平位于 1.03 ~ 1.1 之间时，其对全民健康覆盖的促进作用增强；当人口偏度水平在 1.1 ~ 1.18 之间时，其会抑制全民健康覆盖的增长；当人口偏度水平超过 1.18 时，对全民健康覆盖产生促进作用。

技术进步对全民健康覆盖的非线性作用为"先平稳上升后保持平缓"的正向影响趋势。技术进步代表的是我国医药行业的技术水平，当技术水平升高时，会促进全民健康覆盖的发展。

经济差距对全民健康覆盖的非线性影响为"M"型曲线。经济差距代表地方经济水平，当经济差距小于 1 时，说明该地区经济水平落后于全国平均水平。从图 6-9 中可以看出，当经济差距小于 0.8 左右时，其对全民健康覆盖的正向促进作用显著；当经济差距处于 0.8 ~ 1 的水平之间，其会抑制全民健康覆盖增长；当经济差距处于 1 ~ 1.5 时，其对全民健康覆盖产生持续促进作用，经济差距的扩大刺激全民健康覆盖的提升；当经济差距大于 1.5 时，经济差距的扩大会降低全民健康覆盖的水平。

6.3.3　政府卫生支出对全民健康覆盖的总效应

在研究基于健康产业升级的政府卫生支出对全民健康覆盖的中介效应中，本节基于式（6 - 13），继续探讨我国政府卫生支出对全民健康覆盖的影响，以期对我国全民健康覆盖的影响因素有更深入的认识，这对优化全民健康覆盖具有重要的现实意义。

6.3.3.1　单因素分析

本节对健康产业升级影响全民健康覆盖进行单因素分析，结果显示：健康产业结构升级的自由度大于 1，故健康产业升级对全民健康覆盖的影响为非线性效应，结果如表 6 - 16 所示。

表 6 - 16　健康产业结构升级对全民健康覆盖的单因素分析

变量	估计自由度	参考自由度	P 值	方差解释率
S（$PROTERTIARY$）	3.93	4.87	0.00	5.73%

6.3.3.2　共曲线性检验

从表 6 - 17 可知，对本节所涉及的影响全民健康覆盖的 8 个指标——人均政府卫生支出、健康产业升级、人力资本、老龄化、人均医疗保健支出、人口偏度、技术进步以及经济差距之间的共曲线性进行检验，结果表明，各变量拟合值之间的相关系数均小于 0.5。因此，本书中变量之间的线性关系可能是微不足道的。

表 6 - 17　各变量间共曲线性检验结果

变量	人均政府卫生支出	健康产业升级	人力资本	老龄化	人均医疗保健支出	人口偏度	技术进步	经济差距
共曲线性检验	0.27	0.19	0.11	0.37	0.46	0.04	0.35	0.16

6.3.3.3　实证结果分析

在政府卫生支出与健康产业升级的共同作用下，全民健康覆盖的总效应如

表6-18所示。政府卫生支出对全民健康的影响中，各变量均为非线性影响，且都通过了显著性检验，表明各因素对全民健康覆盖的非线性影响显著。详细结果如图6-10所示。

表6-18　　　　各影响因素对全民健康覆盖综合效应假设检验结果

变量	估计自由度	参考自由度	F值	P值
健康产业结构升级	4.028	4.978	3.331	0.006
人均政府卫生支出	4.065	5.070	26.952	0.000
人力资本	4.282	5.343	6.224	0.000
老龄化	2.222	2.855	2.777	0.055
人均医疗保健支出	3.508	4.452	4.112	0.002
人口偏度	8.783	8.974	6.985	0.000
技术进步	3.069	3.901	2.583	0.040
经济差距	8.016	8.711	18.830	0.000

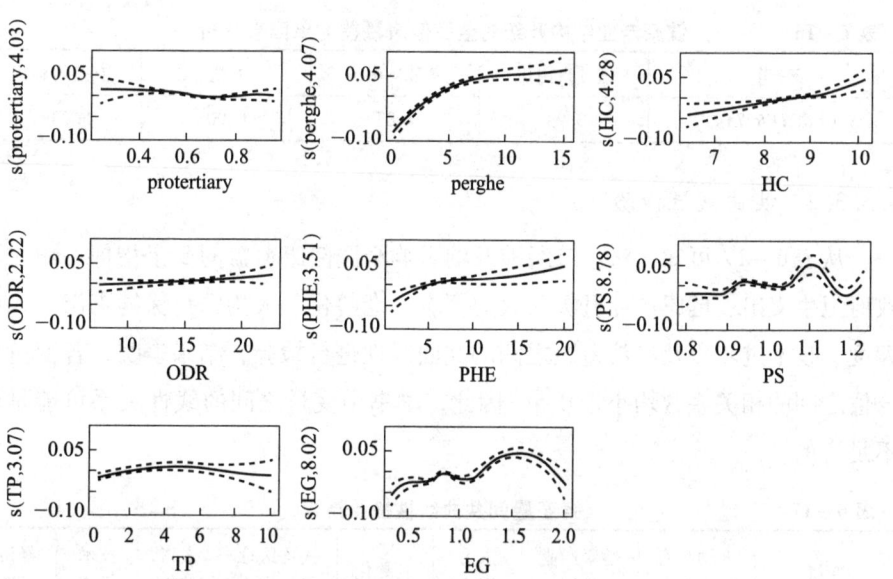

图6-10　各因素对全民健康覆盖的总效应

如图6-10所示，在政府卫生支出与健康产业升级的共同作用下，人均政府卫生支出对全民健康覆盖的影响为"先急后缓"的正向非线性影响，表明在人均政府卫生支出较低阶段，其对健康产业升级的影响度较大，政府在卫生部门的投入使得全民健康覆盖面快速增长，当政府持续加大在卫生部门的投入时，此时对全民健康覆盖的促进较为平缓。

健康产业结构升级对全民健康覆盖的非线性影响呈现"U"型曲线。当健康产业升级处于较低水平时，随着健康产业升级指数增长，对全民健康覆盖产生正向影响，但影响程度逐渐减弱；当健康产业升级指数达到 0.65 左右时，其对全民健康覆盖的影响程度最低。随着健康产业升级指数持续增加，其开始促进全民健康覆盖的发展。其他影响因素对全民健康覆盖的影响与在政府卫生支出的直接作用下对全民健康覆盖的影响走势大致相同。

6.3.3.4　拟合效果检验

经过回归分析，对模型进行了检验，验证了模型评价的有效性。基于 AIC 指数和残差平方和的半参数模型的结果见表 6 - 19。模型的 AIC 值与残差平方和低于传统线性模型，表明半参数模型比传统的线性模型精度更高。

表 6 - 19　　　　　　　　半参数可加模型拟合效果检验

变量	传统线性模型			广义可加模型		
	政府卫生支出直接效应	健康产业结果升级影响因素	政府卫生支出总效应	政府卫生支出直接效应	健康产业结果升级影响因素	政府卫生支出总效应
AIC	- 1417. 664	- 593. 867	- 1416. 414	- 1694. 324	- 679. 054	- 1708. 147
残差平方和	0. 477	4. 295	0. 476	0. 197	2. 924	0. 187

6.3.4　基于健康产业升级的中介效应分解

本节进一步按照中介效应检验法，检验政府卫生支出对全民健康覆盖的直接效应、中介效应和总效应，表 6 - 20 反映了政府卫生支出对全民健康覆盖的中介效应、直接效应与总效应。

表 6 - 20　　　　　　　　全民健康覆盖中介效应假设检验结果

变量	估计系数	[95% 置信区间]		P 值
中介效应	- 0. 002	- 0. 006	0. 000	0. 040
直接效应	0. 028	0. 004	0. 030	0. 040
总效应	0. 026	0. 001	0. 030	0. 040
中介效应比例	- 0. 075	- 1. 173	0. 000	0. 080

从表 6-20 可以看出，政府卫生支出对全民健康覆盖影响的总效应解释力度为 0.026，其直接效应解释力度为 0.028。加入健康产业升级中介变量后，政府卫生支出对全民健康覆盖的间接效应解释力度为 -0.002，中介效应占总效应比例为 7.5%，且都通过显著性检验。说明政府卫生支出对全民健康覆盖具有中介效应，其直接效应 > 总效应 > 中介效应。究其原因，本书认为在于我国健康产业升级处于较低水平，健康服务业占健康产业比例均值为 0.65，从图 6-10 中可以看出，当健康产业升级水平为此水平时，对全民健康覆盖的影响效用为负向影响；从图 6-10 中还可以看出，政府卫生支出会促进健康产业升级，但当健康产业升级对全民健康覆盖的效应为负向影响时，政府卫生支出对全民健康覆盖的中介效应为负向。

6.4　本章小结

确保政府卫生支出既高绩效又可持续发展，是一项具有挑战性的任务。收入的增加和医疗技术的进步，提高了人们对卫生系统所能实现的目标的期望。人口老龄化和生活方式的变化影响发病率模式，从而影响卫生保健费用。生产力的提高虽然是可以实现的，但医疗保健服务的劳动密集型性质使其更具挑战性。这些因素加在一起，对卫生支出，进而对卫生预算产生了巨大的上行压力。本章通过分析我国政府卫生支出对健康产业结构升级以及对全民健康覆盖的间接影响，得出以下结论。

（1）健康产业发展到了加速创新转型的时点。大力发展健康产业，形成完整的、结构合理的健康产业链，是"健康中国"建设的目标之一。由于数据的局限性，本书选取了由中药材种植、森林药材种植构成的健康农业（健康第一产业），由医药制造业构成的健康工业（健康第二产业），由卫生机构、医疗基金、林业旅游与休闲服务构成的健康服务业（健康第三产业），来分析我国健康产业的发展。在产业结构占比中，健康第三产业在总健康产业中所占的比重一直为最大，其次为健康第二产业。我国健康产业自 2004 年以来一直保持快速增长的势头，由 2004 年的 8444.11 亿元增长至 2018 年的 91706.26 亿元，其中，在 2007 年增幅最大，增速达到了 40.39%。其中，健康第三产业增

长速度最快,健康第一产业增长较为平缓。值得关注的是,健康第二产业在
2018年产值大幅下降,我国医药制造业目前面临经营压力大、药品整体价格
水平下降的困境,随着信息化的发展,我国医药企业到了加速创新转型的时
点。关注我国健康产业区域排名可以发现,健康农业主要集中在云南、湖南、
河南等中医药种植大省,健康工业主要集中在东部地区,且全国区域差异较
大,健康服务业发展较好的也为东部地区。观察我国健康产业升级现状可以看
出,我国健康产业结构升级指数保持在0.65左右的水平,在2018年健康产业
结构升级情况良好,指数上升至0.74。从区域分布的角度可以看出,我国健
康产业结构升级水平西部地区高于东部和中部地区。这与我国近年来大力扶持
西部地区医疗卫生服务有关,同时,由于西部地区土地贫瘠无法发展健康农
业,而健康工业主要集中在我国东部地区,导致西部地区健康产业升级状况
良好。

(2) 政府卫生支出促进健康产业结构升级。通过分析政府卫生支出对健
康产业结构升级的影响,结果表明,人均地方政府卫生支出规模对产业结构升
级的影响为正,扩大政府卫生支出规模能够促进产业结构升级,同时技术进
步、人口偏度、老龄化、经济差距对健康产业结构升级都起到促进作用。人均
医疗保健支出以及经济差距对产业结构升级的影响为负,说明它们会抑制健康
产业结构升级。

政府卫生支出对健康产业结构升级的综合效应表明,在初始阶段,随着人
均政府卫生支出的增长,对健康产业结构升级的正向影响增强;当人均政府卫
生支出达到200元左右时,其正向影响的增速逐步放缓;当人均政府卫生支出
达到500元左右时,其对健康产业结构升级的正向影响处于急速上升阶段;当
人均政府卫生支出大于1300元时,其对健康产业结构升级的影响逐步放缓,
持续促进健康产业升级。

(3) 政府卫生支出促进全民健康覆盖。当观察政府卫生支出对全民健康
覆盖的线性结果时,我们发现政府卫生支出对全民健康覆盖的影响显著为正,
政府卫生支出每增加1个单位,会促进全民健康覆盖上升0.014个单位。人力
资本对全民健康覆盖的影响为正,且通过了1%显著性检验,说明人力资本的
提高能带动全民健康覆盖的提升,居民受教育水平每提高1个单位,全民健康

覆盖能提升 0.04 个单位。经济差距代表的是地区的经济水平,经济差距对全民健康覆盖的影响为正向显著影响,经济差距每提高 1 个单位,全民健康覆盖指数提高 0.064 个单位。而老龄化程度、人均医疗保健支出、人口偏度以及技术进步对全民健康覆盖的线性影响没有通过显著性检验。

政府卫生支出对全民健康覆盖的非线性直接效应表明,政府卫生支出对全民健康覆盖的非线性影响为"先急后缓"增长型,说明政府卫生支出对全民健康覆盖为正向影响。在初始阶段,随着人均政府卫生支出的增长,对全民健康覆盖的正向影响增强;当人均政府卫生支出达到 500 元左右时,其正向影响的增速逐步增强;当人均政府卫生支出大于 500 元时,其对全民健康覆盖的正向影响处于平缓上升阶段,持续促进全民健康覆盖发展。

(4)健康产业结构升级对全民健康覆盖的非线性影响呈现"U"型曲线。当健康产业升级处于较低水平时,随着健康产业升级指数增长,对全民健康覆盖产生正向影响,但影响程度逐渐减弱;当健康产业升级指数达到 0.65 左右时,其对全民健康覆盖的影响程度最低。随着健康产业升级指数持续增加,其开始促进全民健康覆盖的发展。

(5)政府卫生支出对全民健康覆盖中介效应较小。政府卫生支出对全民健康覆盖具有中介效应,其直接效应 > 总效应 > 中介效应。政府卫生支出对全民健康覆盖影响的总效应解释力度为 0.026,其直接效应解释力度为 0.028。加入健康产业升级中介变量后,政府卫生支出对全民健康覆盖的间接效应解释力度为 −0.002,中介效应占总效应比例为 7.5%,且都通过显著性检验。说明当加入健康产业结构升级时,会削弱政府卫生支出对全民健康覆盖的影响程度。究其原因,我国健康产业结构升级处于较低水平,对全民健康覆盖的影响程度较弱,当健康产业结构升级作为中介变量影响全民健康覆盖时,政府卫生支出无法全力推进全民健康覆盖。

第7章

结论与政策建议

　　全民健康覆盖为世界发展的共同目标，高质量的全民健康覆盖可以提高健康水平并减少卫生资源浪费。保障全民健康覆盖是政府的重要职能之一。政府通过卫生支出提供财政保障的方式或者转移支付的方式保障全民健康覆盖，政府卫生支出的主要目标在于满足全体社会对于医疗卫生服务的需要。前面几章中，首先，通过对我国政府卫生支出的绝对规模及相对规模与健康产业结构升级程度进行探讨，构建全民健康覆盖指标体系。其次，分析我国全民健康覆盖水平及其基于时间、区域、经济发展水平、政府卫生支出水平与产业结构升级水平的空间差异。最后，通过构建空间动态杜宾模型研究我国政府卫生支出对全民健康覆盖的空间影响，接着利用半参数可加模型分析健康产业结构升级原因，并构建非参数中介效应模型揭示政府卫生支出对全民健康覆盖的中介效应。本章将对前面几章的研究结论进行总结，并在此基础上，针对全民健康覆盖的财政保障、人力资源保障以及政策保障提出相关建议。

7.1　研究结论

7.1.1　政府卫生支出规模有待提高、结构有待优化

　　通过对我国政府卫生支出规模进行比较分析发现，政府卫生支出总量分析表明自改革开放以来，政府卫生支出逐年快速上涨，特别是自 2003 年"非典"发生以来，我国政府卫生支出总量突破 1000 亿元，自 2007 年新医改以

来，我国政府卫生支出规模增长率达到了45.13%。可见，我国政府加大在卫生部门的投入，政府对医疗卫生事业的重视程度在大幅度提升，发展速度迅速，这体现了医疗卫生事业发展积极的一面。但通过比较我们可以看出，我国政府卫生支出占卫生总费用、占国内生产总值与占财政支出比例趋势基本一致，呈"凹"型发展。政府卫生支出占卫生总费用的比例以及政府卫生支出占GDP的比例仍处于较低水平，政府卫生支出区域性结构明显。与国际相比，我国人均政府卫生支出、政府卫生支出占卫生总费用比例与政府卫生支出占GDP比例远低于高收入国家，这与我国目前经济总量排世界第二有巨大的反差。

通过比较我国政府卫生支出结构发现，我国医疗卫生服务支出与医疗保障支出两者总占比达到了80%以上，其中医疗保障支出占比不断增加，但医疗卫生服务支出占比逐渐下降，同时行政管理事务支出占比和人口与计划生育事务支出基本保持不变。另外，我国政府卫生支出区域性结构存在差距，至2018年，人均政府卫生支出差距由最高的西部地区与最低的东北地区构成，差距为270.69元/人。这种差距直接反映了政府在医疗卫生事业方面的资源配置不均衡，影响医疗卫生事业的持续健康发展。

7.1.2 健康产业结构优化升级到了加速创新转型时点

我国健康产业自2004年以来一直保持快速增长的势头，由2004年的8444.11亿元增长至2018年的91706.26亿元，其中在2007年增幅最大，增速达到了40.39%。其中，健康第三产业增长速度最快，健康第一产业增长较为平缓。值得关注的是，健康第二产业在2018年产值大幅下降。关注我国健康产业区域排名可以发现，健康农业主要集中在云南、湖南、河南等中医药种植大省，健康工业主要集中在东部地区，且全国区域差异较大，健康服务业发展较好的也为东部地区。观察我国健康产业升级现状可以看出，我国健康产业结构升级指数保持在0.65左右的水平，在2018年健康产业结构升级情况良好，指数上升至0.74。从区域分布的角度可以看出，我国健康产业结构升级水平西部地区高于东部和中部地区。

通过构建半参数综合模型分析我国政府卫生支出对健康产业结构升级，政府卫生支出的线性效应表明，人均地方政府卫生支出规模对产业结构升级的影响为正，扩大政府卫生支出规模能够促进产业升级。政府卫生支出对健康产业结构升级的综合效应表明，在初始阶段，随着人均政府卫生支出的增长，对健康产业结构升级的正向影响增强；当人均政府卫生支出达到 200 元左右时，其正向影响的增速逐步放缓；当人均政府卫生支出达到 500 元左右时，其对健康产业结构升级的正向影响处于急速上升阶段；当人均政府卫生支出大于 1300 元时，其对健康产业结构升级的影响逐步放缓，持续促进健康产业升级。

通过分析我国健康产业结构升级对全民健康覆盖的影响时发现，健康产业结构升级对全民健康覆盖的非线性影响呈现"U"型曲线。当健康产业升级处于较低水平时，随着健康产业升级指数增长，对全民健康覆盖产生负向影响；当健康产业升级指数达到 0.65 左右时，其对全民健康覆盖的影响程度最低；随着健康产业升级指数持续增加，其开始促进全民健康覆盖的扩大。

7.1.3 全民健康覆盖空间差异明显

运用传统马尔科夫链以及空间马尔科夫链把我国全民健康覆盖分为低水平、中低水平、中等水平、中高水平以及高水平 5 个等级。观察我国全民健康覆盖时空演变可以发现，从时间演变来看，我国全民健康覆盖整体呈现俱乐部趋同，中等及以上水平俱乐部趋同比较稳定，表明我国全民健康覆盖中等及以上水平比较低水平与中低水平保持水平不变的概率更大。我国全民健康覆盖水平上升的概率随着自身所处的水平改变，整体有向中高水平逼近的趋势。基于区域差异、经济发展以及政府卫生支出规模视角观察我国全民健康覆盖水平差异得出，我国全民健康覆盖各水平大多存在俱乐部收敛现象，各水平有较大的保持水平不变概率。当观察各水平的移动趋势时，发现我国政府卫生支出均有向中高水平发展的局势。所有类型的区域分组都不存在跃迁的情况，只存在一个等级向下一个或者上一个迁移的情况。

本书运用不同矩阵以及不同指数检验全民健康覆盖空间全局自相关性，得出的结果大致相同，我国全民健康覆盖指数具有空间集聚性，同时我国全民健康覆盖指数空间集聚程度逐渐下降。观察我国全民健康覆盖情况的局部空间相关性，总体上看，2004～2018 年我国西部地区全民健康覆盖处于低低集聚区，高高集聚地区主要集中在东部，中部大部分地区处在低高集聚区，高低集聚区所包含的省份有较大变化。我国全民健康覆盖空间集聚情况在 2004 ~ 2018 年可分为两个阶段：第一阶段为 2004 ~ 2009 年，东部及东北部分地区处于空间相关性为高值地区与高值地区集聚；第二阶段为 2010 ~ 2018 年，我国全民健康覆盖高高集聚区域和高低集聚区域扩大。

7.1.4 合理规划政府卫生支出是走向全民健康覆盖的关键

通过构建空间动态杜宾模型分析我国政府卫生支出对全民健康覆盖的影响发现，我国政府卫生支出对全民健康覆盖的短期效应不明显，无论是短期直接效应、短期间接效应，还是短期总效应，都没通过显著性检验。政府卫生支出对全民健康覆盖的长期直接效应未通过显著性检验，其长期直接效应和长期总效应为正，且分别通过 1% 和 5% 的显著性水平检验，说明政府卫生支出对全民健康覆盖短期无影响。长期影响中，总的来说，人均政府卫生支出的增加会促进全民健康覆盖的提高，本地区人均政府卫生支出的增加会带动邻近地区全民健康覆盖的扩大，而对自己本地区的全民健康覆盖无显著影响。

当观察政府卫生支出对全民健康覆盖的线性结果时，我们发现政府卫生支出对全民健康覆盖的影响显著为正，政府卫生支出每增加 1 个单位，会促进全民健康覆盖上升 0.014 个单位。人力资本对全民健康覆盖的影响为正，且通过了 1% 显著性检验，说明人力资本的提高能带动全民健康覆盖的提升。居民受教育水平每提高 1 个单位，全民健康覆盖能提升 0.04 个单位。经济差距代表的是地区的经济水平，经济差距对全民健康覆盖的影响为正向显著影响，经济差距每提高 1 个单位，全民健康覆盖指数提高 0.064 个单位。而老龄化程度、人均医疗保健支出、人口偏度以及技术进步对全民健康覆盖的线性影响没有通过显著性检验。

政府卫生支出对全民健康覆盖的非线性直接效应表明，政府卫生支出对全民健康覆盖的非线性影响为“先急后缓”增长型，说明政府卫生支出对全民健康覆盖为正向影响。在初始阶段，随着人均政府卫生支出的增长，对全民健康覆盖的正向影响增强；当人均政府卫生支出达到 500 元左右时，其正向影响的增速逐步增强；当人均政府卫生支出大于 500 元时，其对全民健康覆盖的正向影响处于平缓上升阶段，持续促进全民健康覆盖。

政府卫生支出对全民健康覆盖具有中介效应，其直接效应 > 总效应 > 中介效应。政府卫生支出对全民健康覆盖影响的总效应解释力度为 0.026，其直接效应解释力度为 0.028。加入健康产业升级中介变量后，政府卫生支出对全民健康覆盖的间接效应解释力度为 - 0.002，中介效应占总效应比例为 7.5%，且都通过显著性检验，说明健康产业结构升级会削弱政府卫生支出对全民健康覆盖的影响程度。究其原因，我国健康产业结构升级处于较低水平，对全民健康覆盖的影响程度较弱，当健康产业结构升级作为中介变量影响全民健康覆盖时，政府卫生支出无法全力推进全民健康覆盖。

7.2　政策建议

7.2.1　全民健康覆盖的财政保障

在所有被认为在全民健康教育方面取得重大进展的国家，所有人都能够使用具有高度财政保护的公共保障服务。政府在卫生部门的支出越多，人们在享受卫生服务时自付的医疗费用就越低。众所周知，高水平的自付医疗费用与更高的灾难性和贫困性的健康支付风险有关，而且在享受医疗卫生服务的过程中加剧了健康服务的不平等。少数国家依靠自费医疗保险为其卫生系统提供了大量资金资源，但是除美国以外的高收入国家中，自费医疗保险的作用微乎其微。而自费医疗保险的高保费、报销规则严格等特点导致大部分人买不起医疗保险。

提高政府卫生支出，同时提高财政支出的再分配能力，将政府在保健方面的支出重新分配给初级保健，对于实现全民健康覆盖非常重要。即使在增加卫生税收的范围受到极大限制的情况下，通过减少卫生总费用的分散性（即卫生总费用组织产生的再分配障碍），也有可能提高再分配能力。除了卫生总费用的结构安排之外，卫生总费用的组成也很重要。将政府在保健方面的支出重新分配给初级保健。增加外部卫生援助，更加重视初级保健。以当地的实际情况决定调动或重新分配资源以增加卫生系统投资。同时，如果贫困人口有更大的卫生服务需求，那么单一的只针对贫困人口的医疗卫生服务计划在卫生总费用中的再分配空间是有限的。因此，需要提供更多样化的医疗卫生组合服务，提高人均预算卫生费用支出。

将全民健康保险作为医疗保险公共政策的基本原理。人们普遍认为，在享有职工医疗保险的国家，基于很多国家将工资的缴款（工资税）与政府一般预算资金相结合，近年来有些国家越来越依赖后者，这在一定程度上是由于其国家向全民健康保险转变。社会中每个人都有权利享有医疗保险，而不仅仅是劳动力中的人。总的来说，我国正面临人口老龄化问题，为与就业挂钩的资金来源带来了挑战。若正规部门的就业份额很小，虽然可以从中收取工资税，但这并不能提供足够的收入基础。因此，向主要依赖强制性资源的方向发展，需要将重点放在一般预算收入上。

加大职工医疗保险覆盖比例，提高职工医疗保险覆盖人口。许多拉丁美洲国家仅仅针对正规部门工作的人口实行缴款的医疗保险计划，对其余人口实行预算资助的公共制度（Londoño & Frenk，1997；Frenk，1995）。而这种情况是为相对富裕、社会地位较高的部分人口实施的覆盖计划的结果，这种结果往往导致医疗不公平现象。所以加大职工医疗保险覆盖比例、扩大覆盖人口能够提高卫生服务的公平性，并扩大全民健康覆盖面。

公共保险与居民福利是实现全民健康覆盖的途径，也是实现健康和财政保护的有效途径。首先，公共资助的保险需要涵盖基本的保健干预措施，以实现统一并解决非传染性疾病和伤害问题，这条道路将直接使受到非传染性疾病严重影响的穷人受益。其次，提供一个更大的一揽子福利，由一系列融资机制提供资金，穷人可以免予支付，扩大卫生部门的干预措施可以大幅降低和避免非传染性疾病死亡。随着公共财政资源总量的增长，政府可以通过资助人口、提供政策和实施，也可以设计和实施福利一揽子方案演变的机制，更好地支持各地区实施渐进式的全民健康覆盖。

7.2.2　全民健康覆盖的人力资源保障

我国面临卫生人力资源短缺的持续性挑战，并且我国人口老龄化和流行病学的变革，要求制定一项能面对此类挑战的医疗卫生人才战略，以期能够更好地应对居民对卫生人员的医疗服务需求，同时以人为本能够提高成本效益。这项战略是能够利用不同类型的卫生工作人员的潜在贡献，在进行医疗卫生服务时更加紧密合作。根据战略更加实际的实践范围，要求卫生人员在其专业的全部范围能力展开工作，而避免因为技能不足所导致的无法提供相应的医疗卫生服务。

卫生系统只能由卫生工作者发挥作用，改善全民健康服务的覆盖面，实现享有可达到的最高标准健康的权利，取决于医疗卫生保健服务的可获得性、可及性、可接受性和质量。仅有卫生工作人员是不够的，还需要他们具有公平的分布、较高的可及性，才能够提供高质量的护理。在卫生技术人员短缺的情况下，对医疗卫生保健和社会卫生服务的投入会得到高回报。我国现在正面对青年失业率高和卫生工作者短缺的双重危机，由于高需求导致的供应不足，卫生技术人员的城市迁移一直在增加，这将导致在农村地区存在卫生技术人员技能不匹配和不平等的现象。卫生技术人员的工作效率越高，对居民健康状况的改善越有好处，这将带来供给侧效应，因此增加卫生技术人员的投资所带来的总社会效应会超过许多其他公共支出领域。

在实现全民健康覆盖的道路上，应当增加具有公共卫生能力的工作人员就业，包括健康促进和保护、疾病预防、流行病学、监测和评估和战略管理。对现有的医护人员具体建议是：对卫生人力资源、改善全民健康覆盖面以及紧急和灾害风险管理方面进行投资，不仅能建立强有力的医疗卫生复原力和卫生安全性，还能减少医疗卫生服务的脆弱性，能够提供具有预防、准备、应对和在紧急情况中快速恢复的所需卫生人力资源。增强卫生人力资源和卫生系统的可持续性，加强卫生教育战略，强化卫生系统和人口需求之间的匹配性，在欠发达地区，提高卫生人力资源的供应能力，满足居民对医疗卫生服务的需求，向农村和边远地区或医疗卫生服务不足的地区部署卫生人力资源。

优化卫生工作者的积极性、满意度、留用率、公平分配和绩效。虽然城市化趋势和远程医疗的潜力可能在某些情况下减轻地域分配不公的严峻挑战，但在大多数情况下，获得卫生工作者的机会仍然不公平。提高卫生工作者的绩效和公平分配，具体政策包括：工作安全、可控的工作负载，支持监督和组织管理、继续教育和职业发展的机会，增强职业发展通路，家庭和生活方式的激励，困难津贴、住房和教育津贴和补助，足够的设施和工具、工作和措施来改善职业健康和安全，包括工作环境不受任何类型的暴力、歧视和骚扰。必须根据成本效益和可持续性考虑，在特定地区范围内采取具体措施，并可借助员工满意度调查，使工作条件适应卫生工作者的反馈。确保公平部署卫生工作者的关键是，从农村和服务不足地区选择受训人员并提供培训，财政和非财政激励措施以及管理措施或服务提供重组。

充分利用技术创新的潜力，通过调整卫生系统的方向，使其转向以团队为基础的初级保健。我国在卫生人力资源方面面对的持续挑战，要求我国重新在规划、教育、部署、管理和奖励卫生工作者方面采取范式转变。可以采取以下措施：采用包括促进、预防、治疗、康复和姑息治疗服务在内的包容性护理模式，同时更有效地利用现有卫生工作者；通过调整卫生系统的方向，使其转向以团队为基础的协作初级保健方法，充分利用技术创新的潜力；利用卫生人力资源方面急需的投资和改革，创造合格的就业机会，特别是为妇女和青年创造就业机会，以解决卫生系统面临的公平性和覆盖面差距，同时释放经济增长潜力。

提高卫生人力资源利用效率，提供以社区为基础、以人为本、可持续、公平和综合的医疗卫生保健服务。在全球范围内，40%的卫生支出被浪费，其中很大一部分要归咎于卫生人力的低效以及治理和监督方面的薄弱。因此，卫生系统应使市场力量和人口期望与初级卫生保健需求、普遍获得卫生保健和以人为本的综合服务提供相一致，并通过有效转诊到二级和专门护理提供支持，同时避免过度医疗和不必要的干预。同样，通过改善卫生人力资源的管理制度和工作条件，以及利用私人营利、志愿和独立部门的支持和合作，可以在业绩和生产率方面取得重大进展。应对这些部门进行管理，制定激励措施，使其业务和服务提供情况更符合公共部门的卫生目标。要实现这些效率的提高，需要机构有能力执行、评估和改进卫生人力资源规划、教育、规章和管理政策。为了提供以社区为基础、以人为本、持续、公平和综合的保健服务，需要制定适当的规划教育战略和激励措施，对保健工作人员进行适当的投入。

统筹规划卫生人力资源分配，缩小卫生人力资源分配和部署的不公平性。由于人口和经济增长，加上人口和流行病学的转变，预计未来几十年卫生人力的需求和规模将大幅增长。医疗卫生保健服务的性质也将发生变化，医疗卫生服务将涵盖越来越多的病人服务，如社区护理。然而，在我国对卫生人力资源的需求和供应方面存在着严重的不匹配，导致卫生工作者的分配和部署不公平。要实现在各级普遍获得保健服务的目标，就需要在城乡之间和区域间充分和公平地分配保健工作人员。与此同时，部分卫生服务部门在负担能力和可持续性方面受到限制，难以匹配卫生工作者的供需，面临短缺和供应过剩之间的周期性波动。这些趋势，会因人口老龄化而加剧，往往导致保健人员生产不足和分配不均。为了克服这些挑战，需要制定和实施社会责任措施，以综合方式加强卫生人力规划、筹资、教育、监管和管理的所有方面。

吸引各行业领域人才进入医疗卫生服务行业，协助合格的学生进入医疗卫生服务行业。在产业结构调整时期，一部分工人可以从产业经济下降的行业（如农业），在不影响教育和质量的情况下重新部署在健康和社会保障领域，尤其是工作岗位培训时间短、进入壁垒较低的卫生保健行业。此外，还应采取行动协助毕业学生进入医疗卫生行业就业市场，增加对卫生人力资源的投资，促进卫生人力资源市场化需求和供给，使其更紧密地和人口健康卫生服务需求相结合。在医疗卫生服务供给不足的地区部署卫生技术人员并采取激励措施。这将应对我国对医疗卫生服务需求的不断上升，并且同时能够控制成本。

各地区形成卫生人力资源网状化，提供规范指导并促进技术合作。我国卫生人力资源系统在这一目标下提供的支持包括对卫生人力资源的规划和预测、教育政策、宏观调控、卫生劳动力市场分析、国家卫生人才战略、成本计算以及跟踪卫生人力资源筹资情况等。各地区还可以向外部寻求援助，向外界金融机构、高校教育组织提出卫生人力资源及筹资的需求。这将有助于社会各组织采取有利于卫生人力资源的更大规模和更具战略针对性的投资和宏观经济供给政策。为了促进各地区卫生人力资源均衡发展，医疗卫生服务技术较高的地区可以向落后地区提供技术援助，充分调动内部资源并有效分配资源。

建立投资卫生人力资源的规范标准，将其作为可持续发展目标、全民健康覆盖的重要组成部分。各地政府应计划和大力发展卫生人力资源，充分调动卫生人力资源，并以必要的政策协调和监督条例加以辅助。有效实施国家劳动力议程需要得到社会各部门的支持，包括通过坚强的卫生经济学和社会福利认证。这些机制应与民间社会、公民、卫生工作者、卫生专业人员及其工会或协会、监管机构、雇主协会和保险基金合作，以扩大卫生人力资源政策和战略的所有权和机构可持续性。

加强卫生部和其他相关部门及机构的技术和管理能力，以制定和实施有效的卫生人力资源政策、规范和准则。这将鼓励创新的程序、技术、服务组织和培训提供方式，以及更有效地利用资源。确保公共卫生工作人员将发展工作与社会服务工作人员和更广泛的健康问题社会决定因素结合起来，这包括获得住房、食物、教育、就业和当地环境条件。临床卫生工作人员应接受关于健康的社会决定因素的教育，并在其实践中促进这一议程，使对卫生人力、教育和保健提供的激励措施与公共卫生目标和人口需求保持一致。这包括在对现有资源包的现实预测中平衡日益增长的老龄化人口的需求和日益昂贵的新兴医疗保健技术，以及在当地具有成本效益的情况下采取新的干预措施。

为确保高质量的卫生系统和全民健康覆盖改革的成功，政府与社会必须增加具有公共卫生能力的工作人员就业，包括健康促进和保护、疾病预防、流行病学、监测和评估和战略管理。提高卫生人力资源利用效率，提供以社区为基础，以人为本，可持续、公平和综合的医疗卫生保健服务。对整个医疗体系的卫生保健进行规划管理，建立全国性的综合卫生保健大数据平台，解决医疗卫生服务中总体供应信息不足的短板，充分利用技术创新的潜力，通过调整卫生系统的方向，使其转向以团队为基础的协作初级保健，以解决城市和农村地区以及公共和私营卫生部门之间的不公平现象。需要对卫生劳动力市场进行更深入的了解，应对因培养卫生技术人员教育的碎片化和管理不善所导致的资源利用效率低下，以及卫生服务专员教育和培训数量、质量的相关系不足等问题。统筹规划卫生人力资源分配，缩小卫生人力资源分配和部署的不公平性。保障女性工作者的权益，消除女性加入卫生工作队伍或将她们限制在较低层次的社会障碍。吸引各行业领域人才进入医疗卫生服务行业，协助合格的学生进入医疗卫生服务行业。各地区形成卫生人力资源网状化，提供规范指导并促进技术合作。建立投资卫生人力资源的规范标准，将其作为可持续发展目标、全民健康覆盖的重要组成部分。确保提供充足的医疗卫生服务是实现全面健康覆盖目标的一项关键要求。

7.2.3 全民健康覆盖的制度保障

在医疗卫生服务提供方面也需要彻底改革。人口结构和流行病学的转变正使全民健康覆盖面临巨大的财政压力，难以满足以社区为基础，以人为本，可持续、公平和综合的医疗卫生保健服务和个性化的长期护理的需求日益增长。从围绕临床专业专科和医院治疗组织的卫生系统转向为预防和初级保健设计的系统，可以帮助应对这些挑战并解决效率低下的问题。这种转变由四个主要组成部分：（1）优先卫生技术人员在健康促进和疾病预防能力的等级，优先孕产妇医疗卫生服务中多功能护士和助产士的等级。（2）优化各级卫生工作者的实践范围，形成技能完全和多学科发展互补的卫生工作团队。政府应采取政策，指导制定标准和准则，为卫生技术人员的教育和实践提供有效管理。（3）加强医疗卫生部门和社会服务部门之间的联系，以满足较为复杂的医疗卫生服务需求人员、老龄化人口、慢性病患者以及残疾病人。预防疾病优化实践范围，在卫生和社会部门之间建立更强的联系，增强人民和社区的权能，实现公共和私营保健服务的结合。（4）赋予社区卫生系统和私营卫生部门在医疗卫生系统中更大的作用，如果私营医疗卫生服务按照公共医疗卫生服务提供规范和标准来进行卫生服务，将有助于实现全民健康覆盖。在许多 OECD 国家，全民卫生服务系统提供的服务中，部分医疗卫生服务由私营提供，并由公共资金支付。社会商业模式正在面向社会提供全民健康覆盖的解决方案，为人口提供公共卫生服务。公共政策和监管机构需要保护公众的利益，并确保私人利益不占主导地位。政府应确定财政、法律和专业激励措施，鼓励私营和公共保健提供者实现公共目标，使公平和质量成为成功的重要措施。

政府可以通过对烟草和其他有害物质课以重税来遏制非传染性疾病并大幅增加收入，将资金转向非传染性疾病控制。投资加强卫生系统，为非传染性疾病和伤害提供一揽子具有成本效益的临床干预措施。在全民健康覆盖中控制非传染性疾病和伤害方面，财政政策是一个强有力但未得到充分利用的杠杆。非传染性疾病死亡和伤害负担可以通过以人口为基础的低价临床干预措施而减少。财政政策是减轻这一负担的一种特别有效手段。政府可以通过对烟草和其他有害物质课以重税来遏制非传染性疾病并大幅增加收入，还可以通过减少对化石燃料等项目的补贴，将资金转向非传染性疾病控制。投资加强卫生系统，为非传染性疾病和伤害提供一揽子具有成本效益的临床干预措施，是另一个重要的政策措施。政府应侧重于提供财政政策方面的技术援助、烟草领域的区域合作，以及为人口、政策和关于扩大非传染性疾病和伤害干预措施的执行研究提供资金。公共保险将涵盖基本的医疗保健服务干预措施，以实现统一并解决非传染性疾病和伤害问题。这条道路将直接使穷人受益，因为他们受到这些问题的严重影响。

政府应制定规范指南，支持业务技术研究，并在各地区或各级医疗卫生服务部门要求促进技术合作，加强卫生人力资源教育规范。为卫生工作者的安全和保护采取预防措施。优化不同卫生工作人员的实践范围，针对卫生服务资源的可用性、可获得性、可接受性、加强公共监管、质量控制和改善提出相应政策。卫生服务教育机构应调整其体制结构和教学方式，以配合转变中的教育需要。这些措施应与政府认证体系、标准和需求相一致，并促进社会问责、专业间教育和协作实践。私立教育机构的增长反映了公立和私立培训机构的质量标准一致是至关重要的。公立和私立教育机构都需要克服招生和教学方面的性别歧视，更广泛地为国家教育和招生目标做出贡献。

在可行且具有成本效益的情况下，利用信息和通信技术机会。关于电子学习、电子健康记录、远程医学、临床决策工具、专业人员和病人之间的链接、供应链管理、绩效管理和反馈回路、患者安全、服务质量控制、促进病人自主权，新的通信技术工具可能是特别重要的。新专业资格需要技能和能力，以利用信息和通信技术解决方案在保健服务方面提供能力。应制定标准、程序和评价活动，以确保通过包括电子学习在内的混合方法提供的培训的质量。还应为提供移动保健服务和处理符合保密要求的劳动力数据制定适当的规章制度。

加强国内卫生队伍在紧急情况和灾害风险管理方面的能力，以提高应变能力和卫生保健应对能力。建立卫生系统，以发展和利用国家卫生队伍在风险评估、预防、准备、应对和恢复方面的能力。为卫生工作人员提供资源、培训和设备，并将他们纳入地方、国家和国际各级紧急情况行动的政策和执行中。备灾工作应包括努力建设各级国家当局管理灾后和冲突后恢复工作的能力，还应包括与长期加强卫生系统和改革战略协同工作。

确保预期的保健资源范围扩大导致资源分配具有成本效益。具体来说，优先部署专业间初级保健小组，由具有广泛技能的卫生工作者组成，避免过度依赖专家和三级保健的陷阱和成本增加。这需要采用不同的、可持续的技能组合，并利用潜在的社区卫生工作者和中级团队初级护理团队。社区卫生工作者在卫生系统可以受益于足够的系统支持和内部运作，更有效地整合初级护理团队，这一趋势已经出现在一些国家。以扩大这些骨干为目标的国家和国际伙伴的支持应与国家政策、法规和制度相一致。在某些情况下，初级卫生保健团队需要确定与传统治疗师和从业人员有效合作的战略。

制定全国卫生倡议，建立治理机制，确保所有的政府绩效评估包括对卫生服务成果的评估。这涉及具有可持续性的战略和问责机制，除了针对特定疾病的在职培训和激励措施外，具体规划应有助于医疗卫生机构、组织和个人层面的卫生系统建设。加强对卫生系统可持续发展的投资与支持。通过将特殊疾病具体方案纳入初级保健战略来减少居民所面对的因病致贫现象。

全民健康覆盖作为一项民生工程，其性质决定了政府应占主导地位，为确保我国全民健康覆盖的改善，必须克服卫生保健设施以及卫生专业监管机构在治理方面的缺陷。政府应致力于制定医疗卫生保健服务的规范和标准，设立为重要卫生保健改革提供基础的卫生专业监管机构。制定与全民健康覆盖相关的卫生保健战略计划的初步倡议。采取变革性战略，扩大卫生教育工作者。在可行且具有成本效益的情况下，利用信息和通信技术机会。在社区中增强复原力和自力更生能力。加强国内卫生队伍在紧急情况和灾害风险管理方面的能力，确保预期的卫生保健资源范围扩大导致资源分配具有成本效益等有效措施为全面健康覆盖保驾护航。

7.3 研究展望

本书从宏观层面基于人均政府卫生支出规模分析了政府卫生支出影响全民健康覆盖的内在机理，采用大量数据描述政府卫生支出规模趋势，以及我国健康产业发展升级水平，构建了全民健康覆盖指标体系并展示其空间分布特征。通过构建空间计量模型，证实了政府卫生支出对全民健康覆盖的空间短期与长期效应。说明政府卫生支出对全民健康覆盖的非线性效应，采用中介效应分析了通过健康产业结构升级在促进全民健康覆盖发展上的作用。然而，由于全民健康覆盖受到的影响多样性与复杂性，以政府卫生支出视角揭示全民健康覆盖发展中的许多细节还有待继续研究。

（1）对政府卫生支出的相对规模跟踪研究。一般来说，政府卫生支出的绝对规模能反映出当地政府对卫生部门的投入力度，本书选择人均政府卫生支出作为对全民健康覆盖影响的依据，仅能反映投入绝对规模的影响。政府卫生支出的相对规模、效率、结构等性质特征对全民健康覆盖的影响有待进一步研究。

（2）对全民健康覆盖特征变化的分层研究。全民健康覆盖意味着所有人享受到医疗卫生服务而免于经济困难。本书对全民健康覆盖的讨论基于宏观层面，无法观察到个人水平的覆盖面。在本书基础上，选取微观层面数据，探讨不同财富分层水平的全民健康覆盖趋势以及预测，是未来研究的努力方向之一。

（3）对健康产业范围扩大的深入研究。随着数字经济时代的发展，传统的健康产业已经无法满足人民日益增长的健康需求，包含健康疗养、健康大数据、健康休闲以及健康食品等一系列的健康产业亟待发展。本书对健康产业的讨论基于传统的健康产业，未纳入大健康产业所包含的其他新兴健康产业。在本书研究基础上，选取更完善的大健康产业数据，包含更多新兴健康产业的大健康产业结构升级有待进一步研究。

附录 1

健康产业统计分类 (2019)

一、分类目的

为加快推动健康产业发展，科学界定健康产业的统计范围，准确反映健康产业发展状况，依据《"健康中国 2030"规划纲要》等有关健康产业发展要求，以《国民经济行业分类》（GB/T 4754—2017）为基础，制定本分类。

二、概念界定和分类范围

健康产业是指以医疗卫生和生物技术、生命科学为基础，以维护、改善和促进人民群众健康为目的，为社会公众提供与健康直接或密切相关的产品（货物和服务）的生产活动集合。

本分类将健康产业范围确定为医疗卫生服务，健康事务、健康环境管理与科研技术服务，健康人才教育与健康知识普及，健康促进服务，健康保障与金融服务，智慧健康技术服务，药品及其他健康产品流通服务，其他与健康相关服务，医药制造，医疗仪器设备及器械制造，健康用品、器材与智能设备制造，医疗卫生机构设施建设，中药材种植、养殖和采集等 13 个大类。

三、编制原则

（一）以国务院有关文件为指导。本分类以《"健康中国 2030"规划纲要》和各细分领域政策文件提出的重点任务为指导，确定健康产业的基本范围。

（二）以《国民经济行业分类》为基础。本分类以《国民经济行业分类》（GB/T 4754—2017）为基础，是对《国民经济行业分类》中符合健康产业特征相关活动的再分类。

（三）保留了《健康服务业分类（试行）》的主体内容。结合我国健康产业发展政策要求和健康产业发展的新业态新模式，补充健康产业所涉及第一产业、第二产业内容，丰富调整健康服务业内容。

（四）以国际标准为参考。本分类在充分考虑我国健康产业特点和实际发展状况的基础上，吸收了 OECE、欧盟统计署和世界卫生组织联合编制的《卫生核算体系 2011》中医疗卫生服务的分类方法，借鉴了泛美卫生组织（PA-HO)《卫生卫星账户手册》的分类方法。

四、结构和编码

本分类采用线分类法和分层次编码方法，将健康产业划分为三层，分别用阿拉伯数字编码表示。第一层为大类，用 2 位数字表示，共有 13 个大类；第二层为中类，用 3 位数字表示，前两位为大类代码，共有 58 个中类；第三层为小类，用 4 位数字表示，前三位为中类代码，共有 92 个小类。

本分类代码结构：

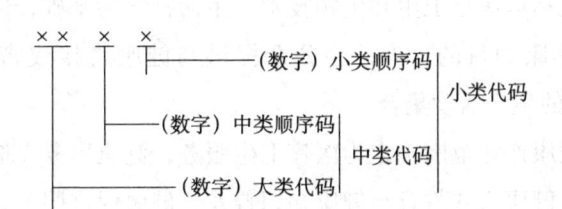

五、有关说明

（一）本分类建立了与《国民经济行业分类》（GB/T 4754—2017）的对应关系。在国民经济行业分类中仅部分活动属于健康产业的，行业代码用" * "作标记。

（二）本分类在"说明"栏中，对健康产业各小类的范围做了说明。

（三）本分类对应《国民经济行业分类》（GB/T 4754—2017）的具体范

围和说明，参见《2017 国民经济行业分类注释》。

六、健康产业统计分类表

代码			名　称	说　明	国民经济行业分类代码及名称（2017）
大类	中类	小类			
			医疗卫生服务		
01	011	0110	治疗服务	指以减轻疾病或损伤的症状和严重程度，阻止威胁生命或正常功能为首要目标的门诊、住院等治疗服务	8411 综合医院 8412 中医医院 8413 中西医结合医院 8414 民族医院 8415 * 专科医院 8421 * 社区卫生服务中心（站） 8422 * 街道卫生院 8423 * 乡镇卫生院 8424 * 村卫生室 8425 门诊部（所） 8432 * 专科疾病防治院（所、站） 8433 * 妇幼保健院（所、站）
	012	0120	康复、护理服务	指为伤残人士或可能伤残人士提供的以达到、恢复或维持最佳的身体、感官、智力、心理和社会功能水平的康复服务，以及为需长期照护患者提供的以减轻疼痛、减少健康状况恶化的专业化护理服务	8415 * 专科医院 8416 疗养院 8512 护理机构服务 8513 精神康复服务 8515 临终关怀服务 8522 康复辅具适配服务
	013	0130	独立医疗辅助性服务	指由独立设置机构提供的检测和诊断相关的服务，包括独立的医学实验室、病理诊断中心、医学影像诊断中心、血液透析中心及安宁疗护中心提供的服务，以及患者转运服务等	8434 急救中心（站）服务 8492 临床检验服务 8499 * 其他未列明卫生服务
	014	0140	公共卫生服务	指以防止和减少损伤、疾病及其后遗症和并发症的数量或严重程度，提高人们健康水平为目的的预防保健、健康咨询和家庭医生等服务以及重大传染病防控、出入境健康体检和预防接种服务、国际旅行健康咨询服务、卫生处理服务等	7244 健康咨询 7451 * 检验检疫服务 8421 * 社区卫生服务中心（站） 8422 * 街道卫生院 8423 * 乡镇卫生院 8424 * 村卫生室 8431 疾病预防控制中心

续表

代码			名　称	说　明	国民经济行业分类代码及名称（2017）
大类	中类	小类			
01	014	0140	公共卫生服务		8432* 专科疾病防治院（所、站） 8433* 妇幼保健院（所、站） 8435 采供血机构服务 8436 计划生育技术服务活动 8491 健康体检服务 8499* 其他未列明卫生服务
02	021		健康事务、健康环境管理与科研技术服务政府、社会组织和园区健康事务管理服务		
		0211	政府健康事务管理服务	指各级卫生、食品药品监督管理、中医药、医保、体育等社会事务健康事务管理活动，不包括竞技体育管理活动和与环境保护有关的检查、监督、稽查、查处活动	9224* 社会事务管理机构 9226* 行政监督检查机构
		0212	社会组织健康服务	指医学研究、医疗卫生、健康、保健、医药、医疗交流、急救培训等专业性卫生团体、基金会、红十字会服务，以及体育团体和非竞技体育运动项目的体育协会服务	8529* 其他不提供住宿社会工作 9521* 专业性团体 9530* 基金会
		0213	健康产业园区管理服务	指涵盖医疗服务、疗养保健及培训、文化、体育、健康事务管理等各类健康产业类型形成的健康园区或产业园区的管理活动	7221* 园区管理服务

代 码			名 称	说 明	国民经济行业分类代码及名称（2017）
大类	中类	小类			
			健康环境管理服务		
02	022	0221	健康环境保护与污染治理活动	指对动物圈舍清理、畜禽粪污处理整治活动；对水环境污染、大气环境污染、土壤环境污染、噪声与振动、光污染和海洋污染的治理活动，包括江河、湖泊、运河、渠道、水库等地表水体、地下水体的污染防治活动，燃煤、工业、机动车船、扬尘、农业等大气污染的防治活动，固体废物、危险废物、放射性废物等的治理活动，生态环境修复相关活动以及噪声与振动、光污染等的治理活动，不包括对污水污泥的再利用活动	0532 * 畜禽粪污处理活动 4620 * 污水处理及其再生利用 7432 * 海洋环境服务 772 环境治理业
		0222	健康环境监测评估和检查	指对环境各要素，以及对生产与生活等各类污染源排放的液体、气体、固体、辐射等污染物或污染因子指标进行的测试和监测活动，包括水环境和水污染监测、大气环境和空气污染监测、土壤环境和固体废物监测、声环境监测、放射性污染监测、光污染监测、海洋环境监测等	7432 * 海洋环境服务 7461 环境保护监测 9226 * 行政监督检查机构
		0223	健康环境公共设施管理	指城乡生活垃圾综合处理，城乡环境卫生设施管理等	7810 * 市政设施管理 7820 环境卫生管理

续表

代码			名　称	说　明	国民经济行业分类代码及名称（2017）
大类	中类	小类			
02	023		健康科学研究和技术服务		
		0231	医学研发服务	指基础医学研究、临床医学研究、口腔医学研究、公共卫生与预防医学研究、中医学研究、中西医结合研究、药学研究、中药学研究、特种医学研究、医学技术研究、护理学研究、生物医学工程研究以及其他医学研究与试验发展服务	7340 医学研究和试验发展
		0232	科技推广和应用服务	指将健康新技术、新产品、新工艺直接推向市场而进行的相关技术活动，技术推广和转让活动，知识产权服务，科技中介活动，创业服务平台，以及其他科技推广活动	7512 * 生物技术推广服务 7520 * 知识产权服务 7530 * 科技中介服务 7540 * 创业空间服务 7590 * 其他科技推广服务业
		0233	健康产品质检技术服务	指食品、药品、医疗用品及器材等健康相关产品的质量检测、检验和出入境检验检疫、测试、鉴定等活动，还包括健康相关产品标准化、计量、认证认可等活动	745 * 质检技术服务
03	031		健康人才教育与健康知识普及		
			健康人才教育培训		
		0311	医学教育	指中等职业教育、普通高等教育、成人高等教育、中医疗教育、临床护理教育等与健康相关的职业教育和高等教育	8336 * 中等职业学校教育 8341 * 普通高等教育 8342 * 成人高等教育

代码			名称	说明	国民经济行业分类代码及名称（2017）
大类	中类	小类			
	031	0312	健康职业技能培训	指由教育部门、劳动部门或其他政府部门批准举办，或由社会机构举办的与健康相关的职业技能培训活动，如养老护理员、母婴护理员、康复治疗师、心理咨询师、营养师、健身教练、按摩师培训等	8391＊职业技能培训 8392＊体校及体育培训
03	032		健康知识普及		
		0321	新闻广播电视健康知识普及	指与健康相关的新闻采访、编辑和发布服务，数字广播、电视开设的健康科普节目等有关倡导健康生活方式的视听节目等服务	8610＊新闻业 8710＊广播 8720＊电视 8740＊广播电视集成播控
		0322	互联网健康知识普及	指除基础电信运营商外，通过互联网、手机APP等移动客户端提供的有关健康知识的在线信息、数据检索以及健康科普等信息服务	6410＊互联网接入及相关服务 642＊互联网信息服务
		0323	出版物健康知识普及	指医药、预防、治疗、康复、保健、体育健身等健康类图书、报纸、期刊、音像制品、电子出版物、数字出版物等出版服务	8621＊图书出版 8622＊报纸出版 8623＊期刊出版 8624＊音像制品出版 8625＊电子出版物出版 8626＊数字出版
		0324	会展健康知识普及	指健康用品、健康旅游、健康文化等各类健康博览、展览或展会等服务	7284＊文化会展服务 7289＊其他会议、展览及相关服务
		0325	学校健康知识普及	指在学前教育、初等教育、中等教育（不包括中等职业学校教育）、为残疾儿童提供的特殊教育及其他未列明教育中，有关健康生活行为方式、疾病预防、心理健康、生长发育与青春期保健、安全应急与避险等健康基本知识和技能的教育	8310＊学前教育 832＊初等教育 8331＊普通初中教育 8332＊职业初中教育 8333＊成人初中教育 8334＊普通高中教育 8335＊成人高中教育 8350＊特殊教育

续表

代码			名　称	说　明	国民经济行业分类代码及名称（2017）
大类	中类	小类			
03	032	0326	健康内容制作服务	指制作健康题材的影视、动漫、游戏数字等作品，以及与健康题材有关的专业设计服务、文艺创作与表演	6572*动漫、游戏数字内容服务 7492*专业设计服务 8730*影视节目制作 8810*文艺创作与表演
		0327	其他健康知识普及	指举办有关健康生活行为方式、疾病预防、心理健康、生长发育与青春期保健、安全应急与避险等健康基本知识和技能教育的社会培训机构提供的服务	8399*其他未列明教育
04	041		健康促进服务 体育运动服务		
		0411	体育服务	指为健身休闲运动服务提供支持的体育组织、体育场馆及其他体育服务，不包括竞技体育部分	8912*体育保障组织 8921*体育场馆管理 8929*其他体育场地设施管理
		0412	群众体育活动	指由各级各类群众体育组织（其中包括各级体育总会、基层体育俱乐部等）、体育类社会服务和文体活动机构、全民健身活动站点等提供的服务和公益性群众体育活动，包括区域特色、民族民间体育以及体育非物质文化遗产的保护等活动	8840*文物及非物质文化遗产保护 8870*群众文体活动 8919 其他体育组织
		0413	其他体育健身休闲活动	指主要面向社会开放的休闲健身场所和其他体育娱乐场所的管理活动、体育娱乐电子游艺厅服务，网络体育游艺、电子竞技体育娱乐活动，游乐场体育休闲活动等	5623 体育航空运动服务 6422*互联网游戏服务 8930 健身休闲活动 9012*电子游艺厅娱乐活动 9013*网吧活动 9020*游乐园

续表

代码			名　称	说　明	国民经济行业分类代码及名称（2017）
大类	中类	小类			
04	041	0414	体育健康服务	指国民体质监测与康体服务，以及科学健身调理、社会体育指导员、运动康复按摩、体育健康指导等服务，不包括由各类医院、中医院、疗养院等提供的运动创伤治疗、康复、保健等服务	8992 体育健康服务
		0415	体育运动培训	指各类体育运动培训活动，具体包括各种运动辅导、各类群众性体育培训、辅导服务及各类健身培训班等，不包括啦啦队指导、业余体校服务、职业运动员的训练辅导和室内健身运动	8392＊体校及体育培训
	042	0420	健康旅游服务	指依托旅游资源、休闲疗养机构等，面向游客开展的健康和旅游融合服务，包括以体育运动为目的的旅游景区服务以及露营地等管理服务，为社会各界提供健康疗养或医疗旅游的旅行社及相关服务，如向顾客提供咨询、旅游计划和建议、日程安排等服务，不包括以医疗机构、康复护理机构、疗养院为主要载体开展的医疗康复服务部分	6140 露营地服务 7291＊旅行社及相关服务 7869＊其他游览景区管理
	043	0430	养生保健服务	指以保养、调养、颐养生命为目的的保健服务和休闲养生活动，包括保健减肥服务、保健按摩服务、足疗服务、汗蒸服务、其他健康保健服务	8051＊洗浴服务 8052 足浴服务 8053 养生保健服务
	044	0440	母婴健康照料服务	指主要面向孕产妇、新生儿等的相关健康照料服务，包括月子服务中心等	8010＊家庭服务 8090＊其他居民服务业

续表

代码			名 称	说 明	国民经济行业分类代码及名称（2017）
大类	中类	小类			
04	045	0450	健康养老与长期养护服务	指各级政府、企业和社会力量兴办的主要面向老年人、残疾人及疾病终末期患者提供的以健康为目的的长期照料、养护、关爱等服务	8010* 家庭服务 8090* 其他居民服务业 8514 老年人、残疾人养护服务 8521* 社会看护与帮助服务
05			健康保障与金融服务		
			健康保险服务		
	051	0511	商业健康保险服务	指以健康原因导致损失为给付保险金条件的人身保险，包括疾病保险、医疗保险、失能收入损失保险和护理保险，以及具有医疗费用补偿责任的意外伤害保险	6813 健康保险 6814* 意外伤害保险
		0512	其他健康保险服务	指健康保险中介服务、健康保险监管服务及健康保障委托管理服务等与健康相关或密切相关的保险活动	685* 保险中介服务 6870* 保险监管服务 6890* 其他保险活动
	052	0520	健康保障服务	指基本医疗保障服务、城乡居民大病保险服务、补充医疗保障服务、工伤和生育保险服务等，不包括法治保障服务	9412 基本医疗保险 9414 工伤保险 9415 生育保险 9419* 其他基本保险 9420* 补充保险
	053	0530	健康基金和投资管理服务	指为各健康活动提供支持的健康基金（含健康产业投资基金）管理服务、健康投资与资产管理、产权交易服务	6720* 公开募集证券投资基金 6731* 创业投资基金 6732* 天使投资 6760* 资本投资服务 7213* 资源与产权交易服务
06			智慧健康技术服务		
	061	0610	互联网＋健康服务平台	指专门为居民健康生活服务提供第三方服务平台的互联网活动，包括互联网健康服务和产品销售平台、互联网健康旅游出行服务平台等；不包括互联网法律咨询平台服务	6432* 互联网生活服务平台 6434* 互联网公共服务平台

代码			名　称	说　明	国民经济行业分类代码及名称（2017）
大类	中类	小类			
	062	0620	健康大数据与云计算服务	指健康数据处理与存储、大数据处理、云存储、云计算、云加工等服务	6450* 互联网数据服务 6550* 信息处理和存储支持服务
06	063	0630	物联网健康技术服务	指面向健康行业所开展的物联网咨询、设计、建设、维护、管理等服务	6532* 物联网技术服务
	064	0640	其他智慧健康技术服务	指其他与健康相关的应用软件开发与经营，基础环境、网络、软硬件等运行维护，健康信息技术咨询等服务	651* 软件开发 6520* 集成电路设计 6531* 信息系统集成服务 6540* 运行维护服务 6560* 信息技术咨询服务 6579* 其他数字内容服务 6591* 呼叫中心 6599* 其他未列明信息技术服务业
07	071		药品及其他健康产品流通服务		
			药品及其他健康产品批发		
		0711	西药批发	指内服药品、注射药品、外用药、生物药品和其他西药批发和进出口活动，不包括通过互联网电子商务平台开展的西药批发活动	5151 西药批发
		0712	中药批发	指人用中成药、中药饮片（含中药配方颗粒）和中药材的批发和进出口活动，不包括通过互联网电子商务平台开展的中药批发活动	5152 中药批发

续表

代码			名 称	说 明	国民经济行业分类代码及名称（2017）
大类	中类	小类			
		0713	医疗用品及器材批发	指医疗诊断、监护及治疗设备、口腔科用设备及器具、医用消毒、灭菌设备和器具、医疗、外科器械、康复治疗及病房护理设备、医疗卫生材料及用品、康复辅助器械、其他医疗用品及器材批发和进出口活动，不包括兽用医疗用品及器材和通过互联网电子商务平台开展的医用药品及器材的批发和进出口活动	5154* 医疗用品及器材批发
		0714	营养和保健品批发	指营养品、保健品批发和进出口活动，不包括通过互联网电子商务平台开展的营养和保健品的批发活动	5126 营养和保健品批发
07	071	0715	医学护肤品批发	指医学护肤品的批发和进出口活动，不包括通过互联网电子商务平台开展的医学护肤品批发活动	5134* 化妆品及卫生用品批发
		0716	健康出版物批发	指健康类图书、报刊、音像制品、电子和数字出版物的批发活动，不包括通过互联网电子商务平台开展的健康类出版物批发活动	5143* 图书批发 5144* 报刊批发 5145* 音像制品、电子和数字出版物批发
		0717	其他健康产品批发	指以休闲健身为目的的体育用品和器材（不包括竞技体育部分）、矫正视力用眼镜、护目眼镜和角膜接触镜（隐形眼镜）等各类眼镜、净水器和空气净化器、家用美容、保健护理电器具、口腔清洁用品的批发和进出口活动，不包括通过互联网电子商务平台开展的其他健康产品批发活动	5138* 日用家电批发 5139* 其他家庭用品批发 5142 体育用品及器材批发

续表

代码			名　称	说　明	国民经济行业分类代码及名称（2017）
大类	中类	小类			
	071	0718	药品及其他健康产品互联网批发	指通过互联网电子商务平台开展的药品、医疗用品及其他健康相关产品批发活动	5193* 互联网批发
07	072		药品及其他健康产品零售		
		0721	西药零售	指西药、医药及医疗器材一体的专门零售，以及计划生育和性保健用品零售活动，不包括通过互联网电子商务平台开展的西药零售活动	5251 西药零售
		0722	中药零售	指人用中成药、中药材、中药饮片及中西药结合的专门零售活动，不包括通过互联网电子商务平台开展的中药零售活动	5252 中药零售
		0723	医疗用品及器材零售	指医疗诊断、监护及治疗设备，口腔科用设备及器具，医用消毒、灭菌设备和器具，医疗、外科器械，康复治疗及病房护理设备，医疗卫生材料及用品，康复辅助器械、保健辅助治疗器材及其他医疗器材及用品的专门零售活动，不包括兽用和通过互联网电子商务平台开展的医疗用品及器材零售活动	5254 医疗用品及器材零售 5255 保健辅助治疗器材零售
		0724	营养和保健品零售	指营养品、保健品专门零售活动，不包括通过互联网电子商务平台开展的营养和保健品零售活动	5225 营养和保健品零售
		0725	医学护肤品零售	指医学护肤品专门零售活动，不包括通过互联网电子商务平台开展的医学护肤品零售活动	5234* 化妆品及卫生用品零售

续表

代码			名 称	说 明	国民经济行业分类代码及名称（2017）
大类	中类	小类			
07	072	0726	健康出版物零售	指健康类图书、报刊、音像制品、电子和数字出版物的零售活动，不包括通过互联网电子商务平台开展的健康类出版物零售活动	5243 * 图书、报刊零售 5244 * 音像制品、电子和数字出版物零售
		0727	其他健康产品零售	指以休闲健身为目的的体育用品和器材（不包括竞技体育部分）、矫正视力用眼镜、护目眼镜和角膜接触镜（隐形眼镜）等各类眼镜、净水器和空气净化器、家用美容、保健护理电器具、口腔清洁用品的零售活动，不包括通过互联网电子商务平台开展的其他健康产品零售活动	5236 * 钟表、眼镜零售 5242 * 体育用品及器材零售 5272 * 日用家电零售
		0728	药品及其他健康产品综合零售	指百货、超市销售的药品、医疗用品及其他健康相关产品零售活动	5211 * 百货零售 5212 * 超级市场零售 5219 * 其他综合零售
		0729	药品及其他健康产品互联网零售	指通过互联网电子商务平台开展的药品、医疗用品及其他健康相关产品销售活动	5292 * 互联网零售
	073	0730	健康设备和用品租赁服务	指医疗设备、休闲娱乐用品设备、体育健身设备及器材（不包括竞技体育部分）租赁和出租服务活动	7115 医疗设备经营租赁 7121 休闲娱乐用品设备出租 7122 * 体育用品设备出租
	074	0740	药品及其他健康产品仓储、配送	指药品、医疗用品及器材、营养和保健品、医学护肤品、健身产品（不包括竞技体育部分）等健康相关产品的仓储和配送服务活动	5960 中药材仓储 5990 * 其他仓储业 6010 * 邮政基本服务 6020 * 快递服务 6090 * 其他寄递服务

代码			名 称	说 明	国民经济行业分类代码及名称（2017）
大类	中类	小类			
			其他与健康相关服务		
	081	0810	健康法律服务	指在医疗卫生、食品、药品、环境、体育等健康领域的法律服务，包括律师及相关法律服务、互联网法律咨询平台服务等	6432*互联网生活服务平台 7231*律师及相关法律服务
08	082	0820	医疗仪器设备及器械专业修理服务	指对医疗仪器设备及器械的专业修理服务	4330*专用设备修理
	083	0830	其他未列明与健康相关服务	指为各健康活动提供支持的市场调查、健康产品和服务策划、制作的有偿宣传活动，健康工程管理与勘察设计服务，医疗卫生机构等健康场所、用品、器具及设备的清洁服务，健康投资咨询服务	7242*市场调查 7249*其他专业咨询与调查 725*广告业 748*工程技术与设计服务 821*清洁服务
			医药制造		
	091	0910	化学药品原料药制造	指供进一步加工化学药品制剂所需的原料药生产活动	2710 化学药品原料药制造
	092	0920	化学药品制剂制造	指直接用于人体疾病防治、诊断的化学药品制剂的制造	2720 化学药品制剂制造
09	093	0930	中药饮片加工	指对采集的天然或人工种植、养殖的动物、植物和矿物的药材部位进行加工、炮制，使其符合中药处方调剂或中成药生产使用的活动	2730 中药饮片加工
	094	0940	中成药生产	指以中药材为原料，在中医药理论指导下，为了预防及治疗疾病的需要，按规定的处方和制剂工艺将其加工制成一定剂型的中药制品的生产活动	2740 中成药生产

续表

代码			名 称	说 明	国民经济行业分类代码及名称（2017）
大类	中类	小类			
09	095	0950	生物药品制品制造	指利用生物技术生产生物化学药品、基因工程药物和疫苗制剂的生产活动	2760 生物药品制造
	096	0960	卫生材料及医药用品制造	指卫生材料、外科敷料以及其他内、外科用医药制品的制造	2770 卫生材料及医药用品制造
	097	0970	药用辅料及包装材料制造	指药品用辅料和包装材料等制造	2780 药用辅料及包装材料制造
	098	0980	制药设备制造	指口腔清洁用品、化学原料和药剂、中药饮片及中成药专用生产设备制造	3543* 日用化工专用设备制造 3544 制药专用设备制造
10			医疗仪器设备及器械制造		
	101	1010	医疗诊断、监护及治疗设备制造	指用于内科、外科、眼科、妇产科、中医等医疗专用诊断、监护、治疗等方面的设备制造	3581 医疗诊断、监护及治疗设备制造
	102	1020	口腔科用设备及器具制造	指用于口腔治疗、修补设备及器械的制造	3582 口腔科用设备及器具制造
	103	1030	医疗实验室及医用消毒设备和器具制造	指医疗实验室或医疗用消毒、灭菌设备及器具的制造	3583 医疗实验室及医用消毒设备和器具制造
	104	1040	医疗、外科用器械制造	指各种手术室、急救室、诊疗室等医疗专用手术器械、医疗诊断用品和医疗用具的制造，不包括兽医用手术器材、医疗诊断用品和医疗用具的制造	3584* 医疗、外科及兽医用器械制造
	105	1050	机械治疗及病房护理设备制造	指各种治疗设备、病房护理及康复专用设备的制造	3585 机械治疗及病房护理设备制造
	106	1060	康复辅具制造	指假肢、矫形器、轮椅和助行器、助听器和人工耳蜗等产品和零部件的制造，以及智能仿生假肢、远程康复系统、虚拟现实康复训练设备等其他康复类产品的制造	3586 康复辅具制造

续表

代码			名　称	说　明	国民经济行业分类代码及名称（2017）
大类	中类	小类			
10	107	1070	眼镜制造	指以促进健康为目的的眼镜成镜、眼镜框架和零配件、眼镜镜片、角膜接触镜（隐形眼镜）及护理产品的制造	3587＊眼镜制造
	108	1080	其他医疗设备及器械制造	指外科、牙科等医疗专用家具器械的制造，以及其他未列明的医疗设备及器械的制造，不包括兽医用家具器械的制造	3589＊其他医疗设备及器械制造
11			健康用品、器材与智能设备制造		
	111		营养、保健品和医学护肤品制造		
		1111	营养和保健品制造	指营养品、保健品的制造	1491 营养食品制造 1492 保健食品制造
		1112	医学护肤品制造	指医学护肤品的制造	2682＊化妆品制造
	112	1120	健身用品与器材制造	指包括以健身为目的的球类、专项运动器材及配件、健身器材、运动防护用具及其他体育用品制造，武术、散打器械和用品制造，运动枪械及其用弹制造，不包括竞技体育部分	2441＊球类制造 2442＊专项运动器材及配件制造 2443 健身器材制造 2444＊运动防护用具制造 2449＊其他体育用品制造 3329＊其他金属工具制造 3399＊其他未列明金属制品制造
	113	1130	家用美容、保健护理电器具制造	指养生桑拿蒸汽机、养生美体美容仪、养生理疗枕、养生塑身机、养生制氧机、运动恢复用电动按摩器等家用美容、保健护理电器具的制造	3856＊家用美容、保健护理电器具制造

续表

代码			名　称	说　明	国民经济行业分类代码及名称（2017）
大类	中类	小类			
11	114	1140	医用橡胶制品制造	指医用橡胶制品的制造活动，包括医用橡胶手套、医疗用橡胶制衣用品、输血胶管、插管及类似医疗用胶管、洗肠用灌肠器及胶球、冰袋、氧气袋及类似医疗用袋等的制造	2915*日用及医用橡胶制品制造
	115	1150	医疗卫生用玻璃仪器制造	指医疗卫生用各种玻璃仪器和玻璃器皿以及玻璃管的制造	3053*玻璃仪器制造
	116	1160	口腔清洁用品制造	指用于口腔或牙齿清洁卫生制品的生产活动	2683 口腔清洁用品制造
	117	1170	医学生产用信息化学品制造	指医学和其他生产用感光材料、冲洗套药等化学制剂制造	2665 医学生产用信息化学品制造
	118	1180	环境处理专用药剂材料和设备制造	指对水污染、空气污染、固体废物、土壤污染等污染物处理所专用的化学药剂及材料的制造，净水设备系统和空气净化器制造	2666 环境污染处理专用药剂材料制造 3463*气体、液体分离及纯净设备制造 3591*环境保护专用设备制造 3852*家用空气调节器制造
	119	1190	健康智能设备制造	指由用户穿戴和控制，并且自然、持续地运行和交互的具有健康监测、评估等健康功能和目的的个人移动计算设备产品，和从事医疗或辅助医疗工作的医疗机器人或其他智能养生医疗设备的制造	3961*可穿戴智能设备制造 3964*服务消费机器人制造
12			医疗卫生机构设施建设		
	121	1210	医疗卫生机构房屋建设	指医院、基层医疗卫生机构、公共卫生机构及其他卫生机构的房屋建设	4790*其他房屋建筑业

代码			名　称	说　明	国民经济行业分类代码及名称（2017）
大类	中类	小类			
12	122	1220	医疗卫生机构建筑安装	指医院、基层医疗卫生机构、公共卫生机构及其他卫生机构建筑物内各种设备的安装活动，以及施工中的线路敷设和管道安装活动，不包括工程收尾的装饰，如对墙面、地板、天花板、门窗等处理活动	4910*电气安装 4920*管道和设备安装 4999*其他建筑安装
	123	1230	医疗卫生设施建筑装饰装修	指对医院、基层医疗卫生机构、公共卫生机构及其他卫生机构等设施建筑装饰和装修活动	5011*公共建筑装饰和装修
13			中药材种植、养殖和采集		
	131	1310	动植物中药材种植、养殖和采集	指主要用于中药配制以及中成药加工的动植物药材原料的种植、养殖和采集	017 中药材种植 025*林产品采集 0392*蜜蜂饲养 0399*其他未列明畜牧业 041*水产养殖 042*水产捕捞
	132	1320	非动植物中药材采选	指主要用于中药配制以及中成药加工的非动植物药材的采选	0919*其他常用有色金属矿采选 1099*其他未列明非金属矿采选

附录2

我们对2004年及以后的趋势指标进行了敏感性分析。轨迹图进行了可视化检查，以评估MCMC输出的收敛性。附录2显示了2004～2039年我国全民健康覆盖情况的敏感性分析收敛图，从图中可知，其轨迹图均呈收敛现象。

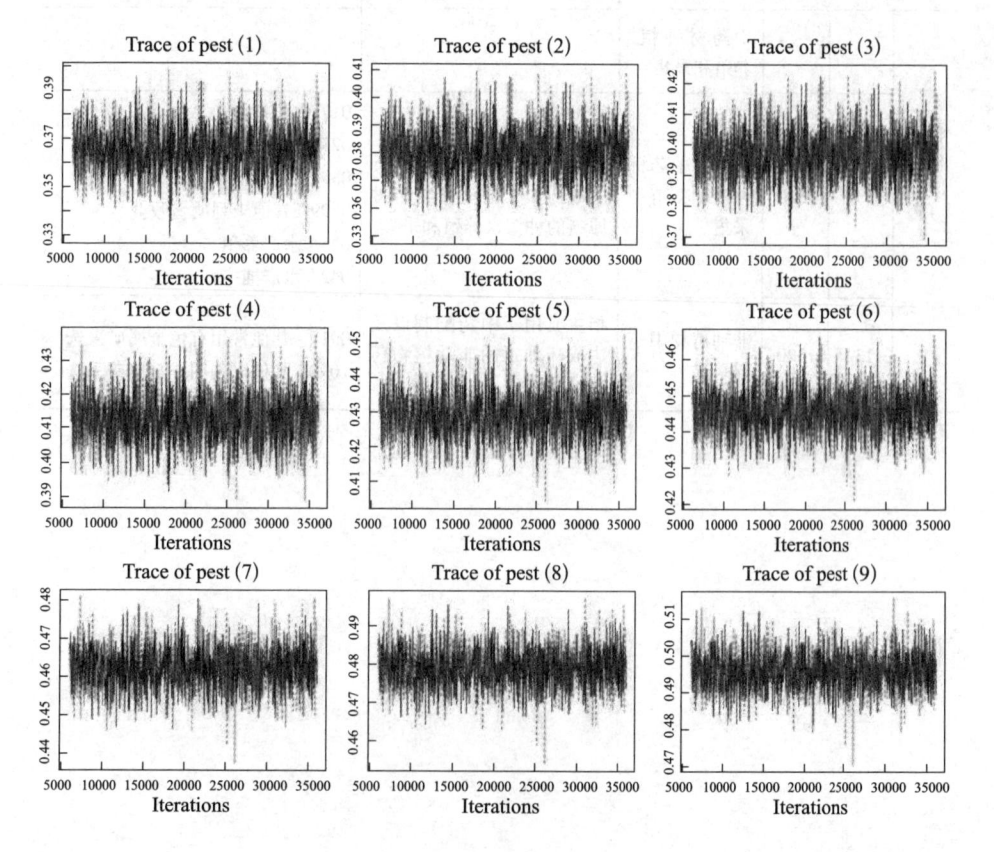

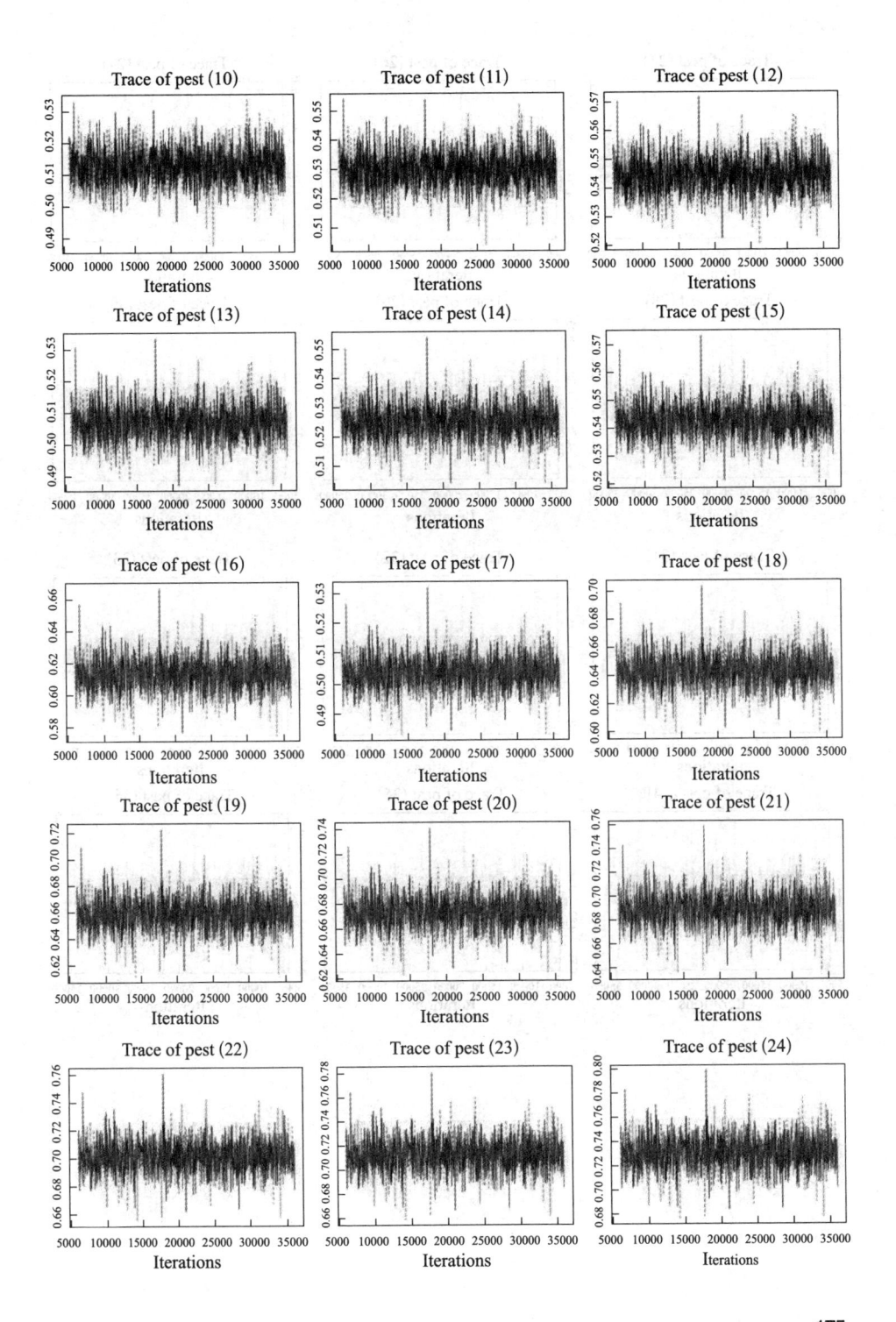

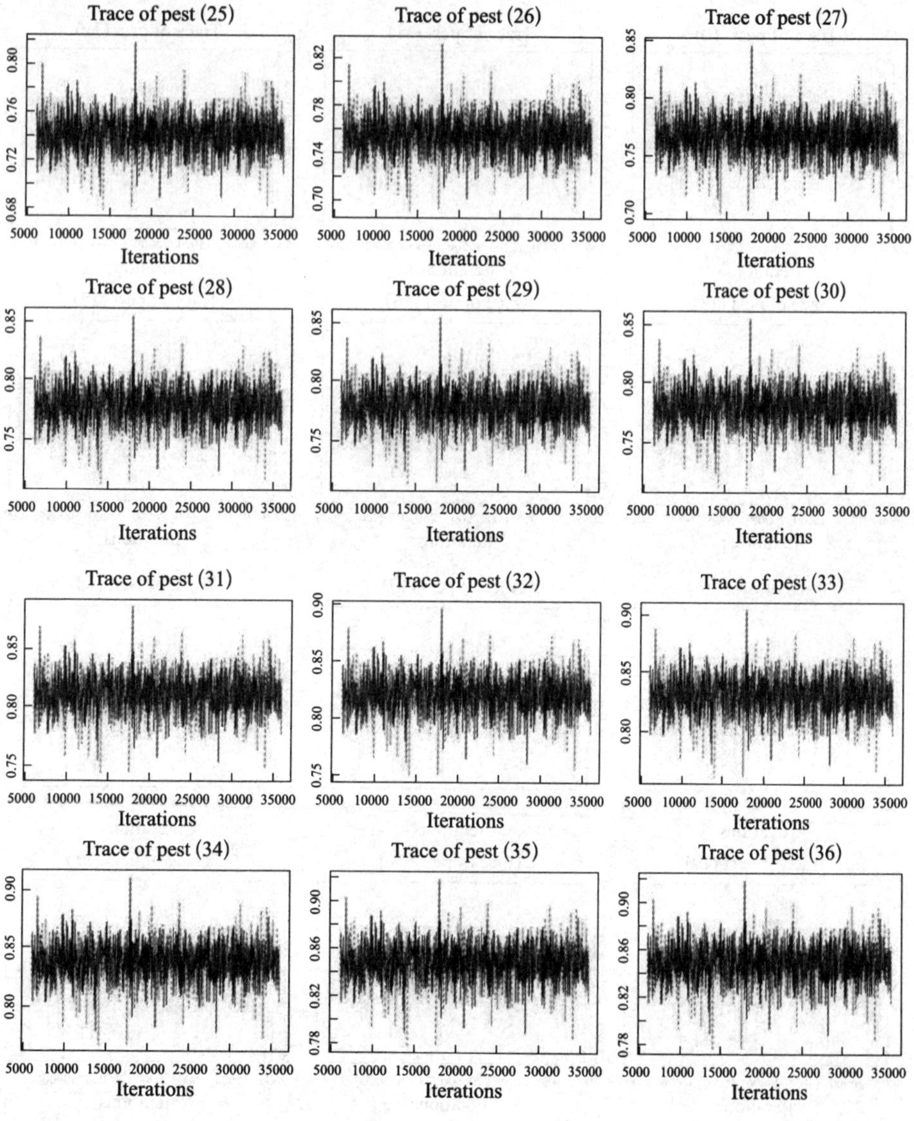

Trace of pest (25)

Trace of pest (26)

Trace of pest (27)

Trace of pest (28)

Trace of pest (29)

Trace of pest (30)

Trace of pest (31)

Trace of pest (32)

Trace of pest (33)

Trace of pest (34)

Trace of pest (35)

Trace of pest (36)

参考文献

[1] 曹璐 . "健康中国"战略视域下陕西省健身休闲产业供给侧结构优化研究 [J]. 经济研究导刊, 2019, 390 (4): 46 - 47.

[2] 曹乾, 杜雯雯 . 健康的就业效应与收入效应: 基于 Heckman 模型的检验 [J]. 经济问题探索, 2010 (1): 134 - 138.

[3] 曾盟盟 . 中国医药产业升级之路探究——基于行业增速放缓与供给侧改革推行背景 [J]. 商, 2016, 000 (11): 279.

[4] 程兰芳, 黄皓 . 供给侧改革背景下中国产业结构升级研究——基于面板数据的空间计量模型 [J]. 统计与信息论坛, 2018 (3): 72 - 79.

[5] 程琳, 廖宇岑 . 地方政府医疗卫生支出效率及其影响因素分析: 基于异质性随机前沿模型 [J]. 中国卫生经济, 2015, 34 (1): 16 - 18.

[6] 储德银, 建克成 . 财政政策与产业结构调整——基于总量与结构效应双重视角的实证分析 [J]. 经济学家, 2014, 2 (2): 80 - 91.

[7] 邓向荣, 曹红 . 产业升级路径选择: 遵循抑或偏离比较优势——基于产品空间结构的实证分析 [J]. 中国工业经济, 2016, 335 (2): 52 - 67.

[8] 董翠华 . 成都市健康产业发展研究 [D]. 成都: 西南石油大学, 2016.

[9] 范剑勇 . 产业集聚与区域经济协调发展 [M]. 北京: 人民出版社, 2013.

[10] 范月蕾, 毛开云, 陈大明, 等 . 我国大健康产业的发展现状及推进建议 [J]. 竞争情报, 2017, 013 (3): 4 - 12.

[11] 方欣叶, 吴凌放, 金春林, 李妍婷, 杜丽侠, 何达 . 关于健康服务

业基本概念和产业规模的讨论 [J]. 中国卫生资源, 2016, 19 (2): 145 -
148.

[12] 耿烽. 健康服务业区域竞争力评价研究 [D]. 合肥: 合肥工业大
学, 2018.

[13] 关雪凌. "健康中国" 背景下健康产业发展动力分析 [J]. 中国卫
生经济, 2019, 038 (7): 67 - 70.

[14] 郭克强, 李宇阳, 郁希阳, 孟佳瑜, 颜聪聪. 政策工具视角下我国
省级健康产业政策文本量化分析 [J]. 卫生软科学, 2020, 34 (11): 34 -
38.

[15] 郝晓龙. 供给侧改革背景下山东省健康服务业发展研究 [D]. 哈尔
滨: 哈尔滨商业大学, 2018.

[16] 何静, 郑晓光, 李杰, 等. 健康产业界定及其投入产出表编制方法
研究 [J]. 新疆社会科学 (汉文版), 2016, 000 (2): 39 - 44.

[17] 何秋洁, 杨晓维. 大健康产业与养老服务的耦合协调度分析 [J].
软科学, 2019 (10).

[18] 胡琳琳, 兰宗敏. 发展健康经济: 中国的战略选择 [J]. 卫生经济
研究, 2014 (10): 55 - 59.

[19] 胡绪华, 陈默, 贺丹. 卫生健康产业空间集聚与居民健康水平提
升: 基于集聚门槛与空间溢出视角 [J]. 中国卫生经济, 2019 (7): 71 - 75.

[20] 贾敬全, 殷李松. 财政支出对产业结构的诱导效应研究 [J]. 财政
研究, 2018 (3): 42 - 56.

[21] 贾卫丽, 李普亮. 政府民生支出是否促进了产业结构升级? ——基
于产业规模和劳动生产率双重维度的实证检验 [J]. 地方财政研究, 2017,
000 (5): 50 - 59.

[22] 李华, 俞卫. 政府卫生支出对中国农村居民健康的影响 [J]. 中国
社会科学, 2013 (10): 41 - 60, 205.

[23] 李翔. 创新对中国产业结构升级的影响研究 [D]. 乌鲁木齐: 新疆
大学, 2019.

[24] 李子伦, 马君. 财政政策支持产业结构升级的国际经验借鉴 [J].

财政研究，2014，000（6）：78-80.

［25］廖骏. 论我国产业结构升级与社会充分就业［M］. 北京：中国人事出版社，2014.

［26］刘艳飞. 健康管理服务业发展模式研究［D］. 上海：上海社会科学院，2016.

［27］卢洪友，曹鸿杰，王紫莹. 产业结构升级视角下财政支出的环境效应［J］. 湖南科技大学学报（社会科学版），2019（1）：57-66.

［28］罗中华，王丽，云立新，等. 构建推动健康服务业跨越发展的全面支持体系［J］. 国外医学·卫生经济分册，2016，33（4）：161-164.

［29］骆永民. 公共卫生支出、健康人力资本与经济增长［J］. 南方经济，2011（4）：3-15.

［30］马健麋，黄少安. 公共卫生支出、健康资本与经济增长［D］. 北京：中央财经大学，2015.

［31］毛捷，赵金冉. 政府公共卫生投入的经济效应——基于农村居民消费的检验［J］. 中国社会科学，2017，000（10）：70-89.

［32］毛军，刘建民. 财税政策下的产业结构升级非线性效应研究［J］. 产业经济研究，2014（6）：21-30.

［33］毛文琳，卫龙宝. 政府卫生支出规模对居民健康的影响研究［J］. 浙江社会科学，2020（3）.

［34］倪春霞，张晓燕. 从公共产品理论看健康产业的概念与分类［J］. 卫生经济研究，2016（6）：9-11.

［35］倪荣，居斌，邵燕华，等. 促进浙江省健康服务业发展的政策研究［J］. 卫生经济研究，2015（7）：15-18.

［36］钱龙. 地方财政支出与产业结构升级——基于政府与市场新型关系的视角［J］. 福建农林大学学报（哲学社会科学版），2017（4）.

［37］瞿华，夏斐. 推动我国健康产业发展的对策建议［J］. 中国国情国力，2013，000（3）：46-48.

［38］任爱华，刘欢. 财政政策对产业结构优化的非线性效应［J］. 财经科学，2017（6）：104-114.

［39］申曙光，曾望峰．健康中国建设的理念，框架与路径［J］．中山大学学报：社会科学版，2020（1）．

［40］石也连．我国健康产业发展对策研究［D］．合肥：合肥工业大学，2016．

［41］孙小杰．健康中国战略的理论建构与实践路径研究［D］．长春：吉林大学，2018．

［42］陶春海．中国医疗服务生产效率评价研究［D］．南昌：江西财经大学，2010．

［43］田洪川．中国产业升级对劳动力就业的影响研究［D］．北京：北京交通大学，2013．

［44］佟孟华，张国建，李慧．地方政府规模影响产业结构的非线性特征——基于中国地级市数据的经验研究［J］．山西财经大学学报，2018（5）．

［45］王弟海，龚六堂，李宏毅．健康人力资本、健康投资和经济增长——以中国跨省数据为例［J］．管理世界，2008（3）：27 – 39．

［46］王俊．健康中国战略下推动大健康产业可持续发展探析［J］．经济研究导刊，2019（30）：34 – 35．

［47］王丽君．山东省县级中医院中医医疗服务效率评价及影响因素研究［D］．济南：山东大学，2014．

［48］王丽敏，张晓波．健康不平等及其成因——中国全国儿童健康调查实证研究［J］．经济学（季刊），2003，2（2）：417 – 434．

［49］王滔．健康产业的创新与思考［J］．高科技与产业化，2013，9（7）：42 – 47．

［50］王先菊．养老服务供给研究［D］．北京：中共中央党校，2018．

［51］王秀峰，张毓辉，万泉，王昊，王荣荣，郭锋．厘清健康产业发展的若干重要关系［J］．卫生经济研究，2019，36（6）：3 – 5，8．

［52］王颖．山东省县级公立医院医疗服务效率评价研究［D］．济南：山东大学，2015．

［53］肖国东．我国制造业转型升级评价及影响因素研究［D］．长春：吉林大学，2019．

［54］谢蓉蓉．大健康背景下健康政策对于健康产业的影响分析［J］．智库时代，2020（9）．

［55］邢伟．健康服务业发展的实践探索和政策思考［J］．宏观经济管理，2014（6）：29－31．

［56］严成樑，吴应军，杨龙见．财政支出与产业结构变迁［J］．经济科学，2016（1）：5－16．

［57］杨林．健康产业统计方法研究与应用——以深圳市为例［J］．调研世界，2015（10）：50－55．

［58］杨晓妹，刘文龙．公共教育支出、人力资本积累与制造业结构升级——基于总量与结构效应双重视角的实证分析［J］．贵州大学学报（社会科学版），2019，037（3）：20－29．

［59］易善策．产业结构演进与城镇化［M］．北京：社会科学文献出版社，2013．

［60］殷李松，伯娜，贾敬全，田伟．财政定向诱导下长江经济带产业结构协同升级模式研究［J］．华东经济管理，2018，32（12）：71－77．

［61］于力，胡燕京．财政支出对我国产业结构升级的影响——基于1978～2006年省级面板数据的实证分析［J］．青岛大学学报：自然科学版，2011，24（4）：95－100．

［62］张辉．健康对中国经济增长的影响研究［D］．北京：首都经济贸易大学，2018．

［63］张宁，胡鞍钢，郑京海．应用DEA方法评测中国各地区健康生产效率［J］．经济研究，2006（7）：92－105．

［64］张权．公共支出效率促进产业结构升级的实现机制与经验辨识［J］．财贸经济，2018，039（5）：146－159．

［65］张婷．政府卫生支出对健康福利的影响［D］．西安：西北大学，2018．

［66］张毓辉，王秀峰，万泉，等．中国健康产业分类与核算体系研究［J］．中国卫生经济，2017（4）．

［67］张仲芳．财政分权，卫生改革与地方政府卫生支出效率——基于省

际面板数据的测算与实证 [J]. 财贸经济, 2013 (9): 28 - 42.

[68] 张仲芳. 国内外政府卫生支出测算方法、口径及结果的比较研究 [J]. 统计研究, 2008, 25 (4): 16 - 19.

[69] 赵鹏飞, 林玳玳. 公共卫生支出与国民健康及经济发展的关系研究 [D]. 北京: 北京交通大学, 2012.

[70] 赵银娥. 我国健康服务业发展潜力及空间差异研究 [D]. 大连: 辽宁师范大学, 2018.

[71] Boerma T. , Eozenou P. , Evans D. , et al. Monitoring progress towards universal health coverage at country and global levels [J]. PLoS Med. 2014, 11 (9): e1001731.

[72] Bonilla-Chacín, M. E. & Aguilera, Nelly. The Mexican social protection system in health [R]. Washington DC: World Bank. 2013.

[73] Calnan, Michael. W. Quantitative survey methods in health research [M]. London: SAGE Publications Ltd, 2013: 190 - 215.

[74] Castro L. & Matute H. Positive and negative mediation as a function of whether the absent cue was previously associated with the outcome [J]. Quarterly Journal of Experimental Psychology. 2010, 63 (12): 2359 - 2375.

[75] Chakraborty, Sarbani. Philippines' government sponsored health coverage program for poor households [R]. Washington DC: World Bank, 2013.

[76] Chan M. Primary health care: Now more than ever [J]. UN Chronicle, 2012, 47 (2): 4 - 7.

[77] Couttolenc B. F. Gragnolati M. & Lindelow M. Twenty years of health system reform in Brazil: An assessment of the sistema unico de saude (English) [R]. Washington, DC: World Bank Group, 2013.

[78] Cunningham C. M. , Hanley G. E. & Morgan S. G. Income inequities in end-of-life health care spending in British Columbia, Canada: A cross-sectional analysis, 2004 ~ 2006 [J]. International Journal for Equity in Health, 2011, 10 (1): 1 - 9.

[79] D'ambruoso L. Global health post-2015: The case for universal health eq-

uity [J]. Global Health Action, 2013 (6): 19661.

[80] Dye C. , Boerma T. , Evans D. , et al. Research for universal health coverage: World health report 2013 [R]. Geneva: World Health Organization, 2013.

[81] Elissen A, Nolte E, Knai C. , et al. Is Europe putting theory into practice? A qualitative study of the level of self-management support in chronic care management approaches [J]. Bmc Health Services Research, 2013, 13 (1): 1 −9.

[82] Elovainio R. & Evans D. B. Raising more domestic money for health: Prospects for low-and middle-income countries [J]. Health Economics, Policy and Law, 2017, 12 (2): 139 −157.

[83] Etienne C. , Asamoa-Baah A. & Evans D. B. Health systems financing: The path to universal coverage, World health report 2010 [R]. Geneva: World Health Organization, 2010.

[84] Evans D. B. , Hsu J. & Boerma T. Universal health coverage and universal access [J]. Bulletin of the World Health Organization, 2013, 91 (8): 546.

[85] Feinstein C. Structural change in the developed countries during the twentieth century [J]. Oxford Review of Economic Policy, 1999, 15 (4): 35 −55.

[86] Frymark T. , Schooling T. , Mullen R. et al. Evidence-based systematic review: Oropharyngeal dysphagia behavioral treatments. Part I—background and methodology [J]. Journal of Rehabilitation Research & Development, 2009, 46 (2).

[87] Giedion U. , Andrés Alfonso E. & Díaz Y. The impact of universal coverage schemes in the developing world: A review of the existing evidence [R]. UNICO Studies Series; No. 25. Washington D. C. : World Bank. 2013.

[88] Greer S. L. & Méndez C. A. Universal health coverage: A political struggle and governance challenge [J]. American journal of public health, 2015, 105 (S5): 637 −639.

[89] Grossman M. On the concept of health capital and the demand for health [J]. Journal of Political Economy, 1972, 80 (2): 223 −255.

[90] Grossman M. The human capital model of the demand for health [J].

NBER Working paper, 1999 (w7078).

[91] Gwatkin D. R. & Ergo A. Universal health coverage: Friend or foe of health equity? [J]. Lancet, 2011, 377 (9784): 2160 – 2161.

[92] Hanratty B. , Zhang T. & Whitehead M. How close have universal health systems come to achieving equity in use of curative services? A systematic review [J]. International Journal of Health Services, 2007, 37 (1): 89 – 109.

[93] Imai K. , Keele L. & Yamamoto T. Identification, inference and sensitivity analysis for causal mediation effects [J]. Statistical Science, 2010, 25 (1): 51 – 71.

[94] Ivinson A. J. Macroeconomics and health: Investing in health for economic development [J]. Nature Medicine, 2002, 8 (6): 551 – 552.

[95] Jacobs B. Addressing access barriers to health services: An analytical framework for selecting appropriate interventions in low-income Asian countries [J]. Health Policy Plan, 2012, 27 (4): 288 – 300.

[96] Jamison D. T. , Summers L. H. , Alleyne G. , et al. Global health 2035: A world converging within a generation [J]. The Lancet, 2013, 382 (9908): 1898 – 1955.

[97] Jeff W. , Banerji R. , Campbell O. , et al. The millennium development goals: A cross-sectoral analysis and principles for goal setting after 2015 [J]. Lancet, 2010, 376 (9745): 991 – 1023.

[98] Jensen L. A. & Allen M. N. Meta-synthesis of qualitative findings [J]. Qualitative Health Research, 1996, 6 (4): 553 – 560.

[99] Kisely S. , Smith M. , Lawrence D. , et al. Inequitable access for mentally ill patients to some medically necessary procedures [J]. Cmaj Canadian Medical Association Journal, 2007, 176 (6): 779 – 784.

[100] Korda R. J. , Clements M. S. & Kelman C. W. Universal health care no guarantee of equity: Comparison of socioeconomic inequalities in the receipt of coronary procedures in patients with acute myocardial infarction and angina [J]. BMC Public Health, 2009, 9 (1): 1 – 12.

[101] Kreng V. B. & Yang C. T. The equality of resource allocation in health care under the national health insurance system in Taiwan [J]. Health Policy, 2011, 100 (2 –3): 203 –210.

[102] Kutzin J. Health financing for universal coverage and health system performance: Concepts and implications for policy [J]. Bulletin of the World Health Organizationn, 2013, 91 (8): 602 –611.

[103] Liang L. & Langenbrunner J. C. The long march to universal coverage: Lessons from China [R]. Washington, DC: World Bank, 2013.

[104] Maeda A. , Araujo E. , Cashin C. , et al. Universal health coverage for inclusive and sustainable development: A synthesis of 11 country case studies (English) [R]. Washington, DC: World Bank Group, 2014.

[105] Martinez V. N. , Komatsu N. K. , Figueredo S. M. , et al. Equity in health: Tuberculosis in the Bolivian immigrant community of So Paulo, Brazil [J]. Tropical Medicine & International Health, 2012, 17 (11): 1417 –1424.

[106] Mcintyre D. , Meheus F. , Røttingen J. A. What level of domestic government health expenditure should we aspire to for universal health coverage? [J]. Health Economics, Policy and Law, 2017, 12 (2): 125 –137.

[107] Meheus F. & Mcintyre D. Fiscal space for domestic funding of health and other social services [J]. Health Economics, Policy and Law, 2017, 12 (2): 159 –177.

[108] Montenegro Torres F. Costa Rica case study: Primary health care achievements and challenges within the framework of the social health insurance [R]. Washington, DC: World Bank, 2013.

[109] O'donnell O. , Van Doorslaer E. , Wagstaff A. , et al. Analyzing health equity using household survey data: A guide to techniques and their implementation [R]. Washington, DC: World Bank, 2007.

[110] Penchansky R. & Thomas J. W. The concept of access: Definition and relationship to consumer satisfaction [J]. Medical Care, 1981, 19 (2): 127 – 140.

[111] Rieck K. M. E. & Telle K. Sick leave before, during and after pregnancy [J]. Acta Sociologica, 2013, 56 (2): 117 - 137.

[112] Rodney A. M. & Hill P. S. Achieving equity within universal health coverage: A narrative review of progress and resources for measuring success [J]. International Journal for Equity in Health, 2014, 13 (1): 1 - 8.

[113] Rowland E. & Metcalfe A. Communicating inherited genetic risk between parent and child: A meta-thematic synthesis [J]. International Journal of Nursing Studies, 2013, 50 (6): 870 - 880.

[114] Saith A. From universal values to millennium development goals: Lost in translation [J]. Development & Change, 2010, 37 (6): 1167 - 1199.

[115] Sasaki H. & Ueyama S. China's industrial structure and its changes in recent years: An analysis of the 1997 ~ 2005 input-output tables [R]. Bank of Japan Working Paper Series 09-E-2, Bank of Japan, 2009.

[116] Seidman M. D. , Gurgel R. K. , Lin S. Y. , et al. Clinical practice guideline: Allergic rhinitis. [J]. Otolaryngol Head Neck Surg, 2015, 152 (2): 197 - 206.

[117] Shengelia B. , Tandon A. , Adams O. B. , et al. Access, utilization, quality, and effective coverage: An integrated conceptual framework and measurement strategy [J]. Social Science & Medicine, 2005, 61 (1): 97 - 109.

[118] Shortt S. E. D. & Shaw R. A. Equity in Canadian health care: Does socioeconomic status affect waiting times for elective surgery? [J]. CMAJ Canadian Medical Association Journal, 2003, 168 (4): 413 - 416.

[119] SiqueiraI C. E. Twenty years of health system reform in Brazil: An assessment of the Sistema Único de Saúde-by Gragnolati, Michele, Lindelow, Magnus and Couttolenc, Bernard [J]. Bulletin of Latin American Research, 2016, 35 (3): 407 - 408.

[120] Stenberg K. , Hanssen O. , Bertram M. , et al. Guideposts for investment in primary health care and projected resource needs in 67 low-income and middle-income countries: A modelling study [J]. The Lancet Global Health, 2019, 7

（11）：e1500 - e1510.

[121] Tanahashi T. Health service coverage and its evaluation [J]. Bulletin of the World Health Organisation, 1978, 56 (2)：295 - 303.

[122] Tanzi V. & Schuknecht L. Reconsidering the fiscal role of government： The international perspective [J]. The American Economic Review, 1997, 87 (2)：164 - 168.

[123] Turner B. African Development Bank [A] //The Statesman's Yearbook [C]. London：Palgrave Macmillan, 2002：102 - 103.

[124] Vega J. Universal health coverage： The post-2015 development agenda [J]. Lancet, 2013, 381 (9862)：179 - 180.

[125] Victora C. G. , Barros A. J. , Axelson H. , et al. How changes in coverage affect equity in maternal and child health interventions in 35 countdown to 2015 countries：An analysis of national surveys [J]. Lancet, 2012, 380 (9848)：1149 - 1156.

[126] Waddington C. , Kello A B. , Wirakartaku-Sumah D. , et al. Financial information at district level：Experiences from five countries [J]. Health Policy and Planning, 1989, 4 (3)：207 - 219.

[127] Wagstaff A. A. , Eozenou P. & Smitz M. Out-of-pocket expenditures on health：A global Stocktake [J]. The World Bank Research Observer, 2020, 35 (2)：123 - 157.

[128] Wagstaff A. , Flores G. , Hsu J. , et al. Progress on catastrophic health spending：Results for 133 countries [J]. A Retrospective Observational Study. Lancet Global Health, 2017：30421 - 30429.

[129] Wang H. , Torres L. V. & Travis P. Financial protection analysis in eight countries in the who south-east Asia region [J]. Bulletin of the World Health Organization, 2018, 96 (9)：610.

[130] Wolfe B L. Health status and medical expenditures：Is there a link? [J]. Social Science and Medicine, 1986, 22 (10)：993 - 999.

[131] World Health Assembly. Social health insurance：Sustainable health fi-

nancing, universal coverage and social health insurance: report by the Secretariat [R]. Geneva: World Health Organization. 2005.

[132] World Health Organization. Making fair choices on the path to universal health coverage: Final report of the WHO Consultative Group on Equity and Universal Health Coverage [R]. Geneva: World Health Organization, 2014.

[133] Xu K., Evans D. B., Kawabata K., et al. Household catastrophic health expenditure: A multicountry analysis [J]. Lancet, 2003, 362 (9378): 111 - 117.

[134] Youngkong S., Baltussen R., Tantivess S., et al. Multicriteria decision analysis for including health interventions in the universal health coverage benefit package in Thailand [J]. Value in Health, 2012, 15 (6): 961 - 970.

[135] Youngkong S., Tromp N. & Chitama D. The EVIDEM framework and its usefulness for priority setting across a broad range of health interventions [J]. Cost Effectiveness & Resource Allocation, 2011, 9 (1): 1 - 3.

后　记

几砚昔年游，于今成十秋。

首先，我要感谢的是我的母校——江西财经大学。从 2011 年踏入校门的那一刻起，我就谨记"今日你以江财为荣，明日江财以你为傲"这句话。在江财这座象牙塔里，我一直被照顾着，被保护着，被关爱着。大学刚入学时，我还是那个懵懵懂懂、横冲直撞的小姑娘。我记得我那时爱社交、爱旅游、爱冒险，就是不爱在寝室窝着。由动及静是这十年来的最大变化。

感恩我的导师陶春海教授，陶春海教授是我心目中最好的导师，他从来不对我做要求，而是身体力行地告诉我，对待自己的工作要兢兢业业，对待身边的人要知行合一。自 2016 年我读硕士以来，我看到他行政工作再忙都坚持每天读文献、学习。他对我遇到的问题从来都是倾囊相助，在学术上他启发我往自己感兴趣的方向做研究，在为人上他引导我对待朋友家人要温柔负责。无论是学术还是为人上，陶春海教授都是我一生学习的榜样。我还要感恩我在日本博士联合培养期间的外导斯图尔特·吉尔莫（Stuart Gilmour）教授，他是一位风趣幽默的人，每天进办公室的第一句就是，梦颖你有没有看到今天的笑话，给我孤单的国外留学生活增添了一份乐趣。中国留学生在大多数人眼中是刻苦的，我总爱在办公室待到深夜才回去，周末也一定要在办公室加班，不让自己松懈。可是当他知道后，他禁止我这样，告诉我要享受生活，对我说工作并不是生活的全部。作为大教授，即便是我遇到不会的代码，他也是一行一行地敲给我，教我怎么做，让我在软件运用上快速成长。感谢学工处团委的习金文老师、刘志蓉老师、黄应足老师等，在我读本科期间，他们手把手教我写稿，待人接事，给我更多的机会，拓宽眼界。感谢统计学院罗良清教授、刘小瑜教授、曹俊文教授、魏和清教授、李海东教授、罗世华教授、平卫英教授、刘小慧教授、盛积良教授、徐斌教授、李峰教授等，平时授课时的循循善诱，你们带领我加深学科认识，加强学术素养。感谢东京大学米扎努尔·拉赫曼（Mizanur Rahman）教授、沙菲尔·拉赫曼（Shafiur Rahman）教授，你们让我更加了解公共卫生领域内容，完善对全民健康覆盖的理解。

感谢我的父母家人，感谢你们的养育之恩，我的父母对我唯一的要求就是把自己本职工作做好，从来没有让我承担过经济压力，这么多年我只需要把自己的书读好就行。是父母对我无尽的理解与包容，让我没有后顾之忧，安心完成学业。我的父母至今仍旧在一线岗位为家拼搏，对待工作认认真真、勤勤恳恳。他们是我的榜样。

感谢我的朋友们，是你们在我的人生路上一直鼓励着我。感谢郭同济、王玉晓、胡萌、焦荣荣、严松、黄宇、庄凯旋、牛国鹏、占城意、徐璐、周浩、李婉然、戚玉林、李亚奎、钟思琪、刘晴晴等师兄弟姐妹的热情帮助。室友卢文娟博士与我总是在深夜的时候相互安慰鼓励。感谢在日本一同留学的小伙伴齐远志博士、胡亮博士、薛继峰博士、刘兵博士、胡康博士等，因为你们，我的留学生活没有那么孤单。

感谢在四川省小金县支教的日子，感谢我的学生们，是你们对知识的渴望激励了我。有的学生和我说："老师我喜欢待在学校，因为在学校有吃饭补贴，我能在学校吃很多菜，回家的时候只能吃洋芋。"有的学生和我说："老师我只有努力读书才能走出大山，我的祖辈一辈子都在山里挖药材，靠山吃山。我一定要走出这片大山，看看山外面的世界是什么样的。"我和他们说："你们只有好好读书，才能改变自己的命运。"他们也同样关心我，看到我房间的灯深夜还亮着，叫我早点休息。因为一直记着对他们的承诺——人无论在什么时候都要坚持学习，才坚定了我读博的目标。我想告诉他们，王老师做到了，你们也要努力走出大山！在本书付梓出版之际，我得知，当初徒步7小时从家走到学校的小姑娘，现在已经考上大学，读师范专业。她和我说："王老师，我想当像你一样的老师。"

　　感谢国家在我读书期间提供的所有资助。感谢国家留学基金委、日中友好会馆在我读博士联合培养期间提供的支持和帮助。我将扎根祖国大地，努力让青春绽放绚丽之花。

王梦颖

2022 年 5 月